お金と心

200パーセントのしあわせ持ちになれるシンプルな生き方

岡本 和久

知玄舎

はじめに

　投資教育家の岡本和久です。長年、超越瞑想（Transcendental Meditation）、略して TM という瞑想法を実践しています。宗教や特定の信仰とはまったく関係のない「心を扱うテクニック」です。極めてシンプルな方法で、資格を持った先生から教えを受ければその日から実践できます。基本は朝夕2回、20分ずつの静かなときを持つということですが、私の人生にはとても大きな好影響をもたらしてくれました。仕事にも、プライベートにも、人生すべての質が向上したといえるでしょう。

　私の本職はお金の世界にあります。しかし、瞑想と出合い、私なりにそれを深めるほどに、人生を通じてお金と付き合っていく上で、瞑想がとても役に立つことを感じています。本書の結論を先に述べてしまいましょう。お金と心、物心両面で豊かで満ち足りた「しあわせ持ち」の人生を送るために瞑想は極めて有益です。私なりに思う瞑想の効果は「意識の空間軸と時間軸が拡大する」ということです。そして、それが「しあわせ持ち」になれるとてもシンプルな生き方です。

　図表0-1をご覧ください。われわれの意識は「いま・自分」という小さな箱の中に閉じこもりがちです。瞑想の効果は意識の時空を拡大してくれるということです。「いま・自分」という狭い世界が「永遠・世の中」という広い世界に広がるような気がします。

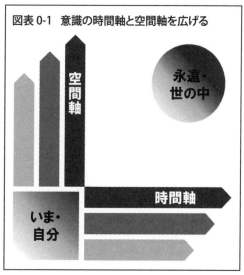

図表 0-1　意識の時間軸と空間軸を広げる

小さな箱の中で、最初はひざを抱えている。それから少しだけ顔を出して外の世界を見る。徐々に箱の中で立ち上がり、そして最後は箱の外に出て広い世界に触れる。拡大した意識が心の中に浸透するほど、物事がとてもシンプルに見え、迷いなく行動できるようになります。より高い位置から、少しずつこの世の現象を見ることができるようになるからでしょう。

　これはまさに投資にも有益な考え方です。投資というと大幅に値上がりしそうな銘柄を見つけ出し、売買を繰り返すことでもうけるものだと思う人も多いのです。これは、まるで干し草の山から1本の針を探すようなものです。これは偶然的要素が強い「投機」です。本当の投資はそんなものではありません。それを知っていただきたく、2005年には『瞑想でつかむ投資の成功法』という本を総合法令より出版させていただきました。この本は2009年にパンローリング社よりオーディオブックとしても発売されています。

　本書は前著の内容を深め、全面的に書き直したものです。この十年余りの間に、私の運用手法もさらにシンプルになりました。理論的に整合性があり、実証的にも有効で、しかも、相場観も銘柄選択能力も経済予測も不要なシンプルで誰にでもできる投資法に到達できたと思っています。

　同時に、瞑想とこの投資法は極めて親和性が高いのです。怖いものでもなく、誰でも簡単にできて続けられる、人生を通じての資産運用です。少しずつ長い時間をかけて資産を形成する「かんたんすぎる」資産運用法です。瞑想はこの運用法をより効果のあるものにしてくれます。そして、それ以上にあらゆる面で人生の質を高めてくれる。それを書いたのが本書です。

　今日、多くの人が将来に不安を抱えています。その中でも長寿化による退職後の生活の不安は大きいでしょう。年金だけではとても将来の生活は支えられません。いくら銀行預金をしても低金利で資金は増えないし、と言って株式に投資するのは怖い。これも人生の大きなストレスです。

重要なことは「将来の自分は今の自分が支える」という一言に尽きます。今もらっている給料は、今の生活費と退職後の生活費の両方の分なのです。退職後のための資金は時間をかけて増やしていけばいいのです。重要なことは、意識の時間軸を広げて将来の自分を今の自分と同じように考えるということです。また、株式に投資をするということは、われわれの生活を支えてくれている企業のオーナーとなることです。投資信託を使えば、少額の投資資金で世界中の企業を間接的にではあっても保有できます。これは意識の空間軸の拡大です。

　空間軸を拡大し全世界に分散投資をする。時間軸を伸ばして人生を通じての長期積立投資をする。これが投資で一番簡単に成功する方法です。意識が拡大すればこれがごく自然に、何の抵抗もなくできるのです。

　人生にストレスはつきものです。ストレスは生きている証拠だといってもいいでしょう。多くの人はストレスを受けると必死にそれを避けようとします。あるいはストレス弾に打たれ、倒れてしまいます。残念なことに生きている以上、ストレスはなくなりません。しかし、意識が大きくなるほど、ストレスがやってきて、去っていくのを気楽に眺めていることができるのです。

　投資では「ハイリスク・ハイリターン」ということをいいます。リスクというのは株価の変動です。つまり、株価の変動が大きいほど、リターン（収益率）も大きい。株価変動はストレスをもたらすかもしれません。でもそれが大きな収益源なのです。株価が乱高下しても冷静にそれを見ている心構えが瞑想によってできていれば、平然と長期投資を続けられます。これは人生を生きていく上でも貴重なトレーニングになります。

　海の表面には大きな波立ちがあります。しかし、深く潜っていくと波立ちは小さくなり、力強い潮流に出合うことになります。株価も日々の変動はとても大きなものです。毎日、いろいろな出来事が発生し、株価は大きく動きます。ちょうど海の表面が荒波であるのと同じです。でも、分散投資、長期

積立投資を進めるほどに力強い世界経済の成長に乗った投資をすることができるのです。

　瞑想の効果によりわれわれの人生そのものの質が良くなります。それは当然、お金との付き合い方、人生を通じての資産運用にも当てはまります。さらには仕事、生き方、すべての面でよりよい人生を送ることができるようになります。無理することなく、ごく自然により良い人間として、世の中に貢献できる生き方に近づけるのです。これは私の実体験に基づいた個人的な感想ですが、きちんとした瞑想を行っている多くの方も同じ思いを持っているように感じます。

　世の中にはいろいろな瞑想法があります。また、最近ではマインドフルネスという言葉がはやり、心に関するさまざまな技術が紹介されています。それらも十分に価値のあるものだと思います。しかし、残念ながら私は自分の体験したことしかお話できません。確実なのは私にとって超越瞑想（TM）は非常に効果のある瞑想法であるということです。ですから、本書の瞑想についてのコメントはすべて私の実践するTMの個人的体験であることをお断りしておきます。

　瞑想について一つご注意いただきたいのは、この本を読んでも瞑想ができるようにはならないということです。この本は資産運用の具体的な方法は説明しますが、瞑想のハウツー本ではありません。本来、瞑想は本を読んでできるようになるものではありません。TMの方法はグローバルに定められたトレーニングを受けたTM教師の方たちが、そのプログラムに基づいてマンツーマンで教えるものです。きちんとしたトレーニングを受け、経験を積んだ教師だからこそとてもシンプルな瞑想法を正しく教えることができるのです。

　本書では、最初にお金のことをお話します。第1章では基礎知識、特に子どものころに学んでおくべきお金のこと、第2章では就業中の方が退職

後のために行っておくべき資産運用について解説します。働き盛りの忙しい方でも、手間も暇も特別な知識も不要の「かんたんすぎる」資産運用法です。第3章ではテーマを瞑想に変え、超越瞑想について説明をします。そして、第4章では私のこれまでの人生を瞑想という視点から少し述べさせていただきます。第5章は人生後半における「しあわせ持ち」へのロードマップを提示します。ここでは退職後の資金引き出しの方法や世代を超えた超長期投資などについても解説します。お付き合いいただければ幸いです。

目次

　　はじめに　*3*

第1章　学びの時代～お金の基礎知識を得る　*15*

　1. たまには人生について考えてみよう　*15*
　　（1）100年人生、三つのステージ　*15*
　　　　☞　学びの時代は人的資産の形成期　☞　働きの時代は金融資産の形成期　☞　遊びの時代は生きざまの形成期　☞　生きざまを見せて次世代の人的資産形成に寄与する
　　（2）私たちの生きている目的は？　*17*
　　　　☞　人生の目的は？　☞　われわれは「しあわせ持ち」になるために生きている
　　（3）幸せな人生のために何が必要か　*19*
　　　　☞　六つの富

　2. お金について考えてみよう　*20*
　　（1）出張授業　*20*
　　　　☞　お金は汚いもの
　　（2）お金はどうして大切なのか　*21*
　　　　☞　無人島でお金の価値はどうなる？　☞　お金は感謝のしるし　☞　感謝がたまると信用が高まる
　　（3）どうしたらお金が稼げるか　*23*
　　　　☞　「ありがとう」と言われてお金を稼ぐ　☞　世の中に仕える事が「仕事」

　3. ハッピー・マネー®四分法　*25*
　　（1）米国生まれのピギーちゃん登場！　*25*
　　　　☞　シカゴでの出会い　☞　日本で発売
　　（2）「ためる」「つかう」「ゆずる」「ふやす」はどう違うか　*28*
　　　　☞　お金は四つの用途に分ける　☞　ハッピー・マネー®四分法で意識の時空が広がる

　4. 大人のためのハッピー・マネー®四分法　*31*
　　（1）お金の賢い使い方　*31*
　　　　☞　大人もお金のことを知らない　☞　ニーズとウォンツの区別　☞　賢い買い物とは
　　（2）お金をためるということ　*33*
　　　　☞　我慢のご褒美は大きな喜び　☞　複利のパワー　☞　72の法則

☞ 複利表の見方　☞ 毎年、複利で積み立てたらどうなるか

　　(3) お金を増やす投資ということ　*40*

　　　　　☞ 「株」の語源　☞ 現代の株式会社の株式とは？　☞ 株式を売るときは？　☞ 株式市場と証券取引所　☞ 株価、銘柄、TOPIX、日経平均株価　☞ どうしても覚えておきたい三つの言葉

　　(4) 寄付で「ゆずる」のは笑顔　*47*

　　　　　☞ 一日一善　☞ 超マネー投資　☞ 利他のリターン　☞ お金と投資で学ぶこと

5. お金で注意すること　*51*

　　(1) お金の詐欺に注意　*51*

　　　　　☞ うまい話はない　☞ 買わされたのではなく、買っているのだ

　　(2) 誰のアドバイスを聞けばよいのか　*52*

　　　　　☞ ノーフリーランチ（ただメシはない）　☞ 魚屋さんとおすし屋さんの違い　☞ アドバイザーを選ぶなら　☞ アドバイザー選択で聞くべき五つの質問

　　(3) 本当に怖いのは借金　*56*

　　　　　☞ 借金は投資よりもはるかに怖い　☞ 恐怖の借金の雪だるま

　　(4) ばくちでもうかるのは胴元だけ　*58*

　　　　　☞ 必ずもうかるのは胴元だけ

　　(5) 狙われる個人情報という財産　*59*

　　　　　☞ インターネットに潜む危険

第2章　働きの時代〜将来のための資産運用をする　*61*

1. 今の自分が将来の自分を支える　*61*

　　(1) 誤解される「トーシ」という言葉　*61*

　　　　　☞ 投機、投資、資産運用　☞ なぜ「トーシ」は投機と思われているのか

　　(2) なぜ、お金を増やす必要があるのか　*64*

　　　　　☞ 年金だけでは退職後の生活はできない　☞ 現在の給料は今の生活費と老後の生活費の両方の分

　　(3) 生活とお金　*66*

　　　　　☞ 長寿化でより長く働き、より多くの資金を準備する　☞ イマジン

2. すでに資産運用は始まっている　*67*

　　(1) 預金から投資へ　*67*

　　　　　☞ まずは銀行に1カ月分の給料相当額をためる

　　(2) 日本人は貯蓄好き　*69*

☞ 日本の資産の実態は
  (3) 貯蓄偏重のツケは退職後に回ってくる　*70*
    ☞ もし、緊急に多額の資金が必要になったら
 3.「かんたんすぎる」資産運用　*71*
  (1) 退職後の最大リスクは　*71*
    ☞ 生活の質に注目　☞ 購買力の維持　☞ ＋アルファが必要
  (2) 75文字の投資戦略　*74*
    ☞ え、こんなに簡単でいいんですか？　☞ 銀行に預金する感覚で投資を
    ☞ いくらずつ積み立てたらいいのか？
 4. 六つの疑問に答える　*76*
  (1) なぜ長期投資なのか　*76*
    ☞ 時間は最強の武器　☞ 長期トレンドを見る　☞ 価値は時間をかけて増える
  (2) なぜ株式に投資をするのか　*80*
    ☞ 株式とは何かを知ろう　☞ 株式は増価証券　☞ 価値と価格
    ☞ なぜ、分散投資、長期投資が大切か　☞ 過去のパフォーマンスはどうだったか　☞ どうして株式投資で＋アルファが得られるのか　☞ 債券投資は不要なのか　☞ ハイリスク・ハイリターン、ローリスク・ローリターン
  (3) なぜ投資信託を使うのか　*88*
    ☞ 投資信託はなぜイメージが悪いか　☞ 投資信託の仕組み　☞ コストと信託期限に注意する　☞ 2種類の運用方法がある　☞ なぜインデックス運用が向いているのか　☞ 直販投信　☞ 上場投資信託（ETF）
  (4) なぜグローバルなのか　*96*
    ☞ 世界中に分散投資をしておけば安心　☞ 世界の株式市場は好調だった　☞ 5000円もあれば十分、世界に投資できる　☞ 世界のトップ・ブレインをまとめて保有　☞ 投資対照の選択　☞ A、B、Cのファンドなら　☞ D、E、F、Gのファンドなら
  (5) なぜ積立投資なのか　*102*
    ☞ ドル・コスト平均法とは　☞ 恐るべし、ドル・コスト平均法
  (6) 税金を安くする方法がある　*105*
    ☞ NISA（ニーサ）とか、iDECO（イデコ）って何？　☞ NISAとは？
    ☞ 確定拠出型年金（企業型、iDECO）とは？　☞ 確定拠出型年金のメリット　☞ 非課税口座を使うと大きな差が出る
 5. 運用耐久力こそ成功の鍵　*110*
  (1) 運用にエキサイトメントを求めるのは間違い　*110*
    ☞ 資産運用は歯磨きのようなもの　☞ マーケットの短期的な動きは分からない

(2) 三つの悪魔が登場する　*112*

☞　最初に無知の悪魔が登場　☞　次に恐怖の悪魔が襲ってくる　☞　欲望の悪魔の誘惑に注意

(3) 株価は影　*114*

☞　株主の権利　☞　株式市場での株価の変動　☞　欲望と恐怖のはざまを這い上がる

(4) 株式売買はマイナスサム・ゲーム　*117*

☞　短期売買でみんなもうかった？　☞　もし、すべての投資家が一つの家族だったら

(5) 投資教育とファイナンシャル・ヒーリング　*119*

☞　バフェットの言葉　☞　ファイナンシャル・ヒーラー®の役割

第3章　瞑想でつかむ200パーセントの人生　*121*

1. 瞑想って何？　*121*

(1) 瞑想はジョギング？　*121*

☞　瞑想は怪しい？　瞑想は難しい？　☞　資産運用も瞑想も歯磨きのようなもの

(2) 超越瞑想（TM）　*122*

☞　TMは心を扱うテクニック　☞　200パーセントの人生　☞　TMを学ぶには

(3) マハリシ・マヘーシュ・ヨーギー　*126*

☞　マハリシについて　☞　マーヴ・グリフィン・ショーに登場

(4) 多くの著名人が実践　*127*

☞　キャメロン・ディアス（女優）　☞　クリント・イーストウッド（映画俳優、映画監督）　☞　デビッド・リンチ（映画監督、脚本家、ミュージシャン、アーティスト、俳優）　☞　ポール・マッカートニー（ミュージシャン、シンガーソングライター）　☞　レイ・ダリオ（ヘッジ・ファンド・マネージャー）　☞　ポール・マッカートニーが語るTM

(5) 科学的に検証されている　*129*

☞　短時間で深い休息が取れる　☞　短時間で深い休息　☞　心の健康の増大～PTSD、不安症、不眠症、抑うつ　☞　幸福ホルモンの増加～TM実践中のセロトニン濃度の変化　☞　TMの影響──脳の発達を計測　☞　1パーセント効果

2. 瞑想の効果　*133*

(1) 瞑想による意識の拡大　*133*

☞　相対領域と「存在」　☞　想念の源

（2）自分ごと感　*135*
　　　　　　☞「自分ごと」と「他人ごと」
　　　（3）意識の時空を広げる　*136*
　　　　　　☞「いま・自分」という小さな箱から飛び出す　☞　意識の拡大とストレスの関係

3．ヴェーダ、老荘思想、和の文化と資産運用　*139*
　　　（1）ヴェーダとは何か　*139*
　　　　　　☞　ヴェーダは古代インドの一大知識体系　☞　ヴェーダの知恵が東アジアに伝播した？
　　　（2）なぜ瞑想で投資がうまくいくのか　*140*
　　　　　　☞　株価の動きは海の表面の波　☞　深海の潮流に投資をする　☞　意識の時間軸と空間軸を伸ばす　☞　資産運用に役立つマハリシの言葉
　　　（3）老荘に学ぶリラックス投資　*146*
　　　　　　☞　老子、荘子という古代中国の大思想家　☞　時空の常識を超える　☞　投資の成功法1「急がない」　☞　投資の成功法2「欲張らない」　☞　投資の成功法3「争わない」　☞　投資の成功法4「考えすぎない」　☞　タオのプーさんの教え
　　　（4）和風資産運用のススメ　*151*
　　　　　　☞　多種多様な民族が溶け合って日本文化をつくった　☞　和の文化はダイバーシティーとハーモニー重視　☞　江戸豪商たちの経営哲学に学ぶ　☞　今後の資本主義の在り方を示す「三方よし」　☞　お金は循環してこそ社会の役に立つ　☞　エドノミストの巨匠、二宮尊徳　☞　これからの資本主義の在り方を示唆する和風経済思想

4．瞑想と教育　*156*
　　　（1）デビッド・リンチ財団　*156*
　　　　　　☞　デビッド・リンチ財団とは　☞　悩める米国の若者たち　☞　TMが脳の発達を助ける　☞　TM導入で大きな効果が見られる　☞　ニュービレッジ・ガールズアカデミーを訪問　☞　ズィルマの場合
　　　（2）日本のテレビでも紹介されたマハリシ・スクール　*160*
　　　　　　☞　世界の天才教育　☞　特別な時間　☞　瞑想とお金の話は禁句？

第4章　私の人生と瞑想　*163*

1．15年サイクルの人生　*163*
　　　（1）第1期　戦禍が残る中の幼少時代（1946〜1960年）　*163*
　　　　　　☞　戦後の復興期　☞　視野に世界が入ってきた
　　　（2）第2期　世界に飛び出す（1960〜975年）　*164*

- ☞ ベトナム戦争の米国、繁栄の日本、そしてオイル・ショックのブラジル
- ☞ 海外に舞台が広がる

(3) 第3期　証券アナリストの道を歩み始める（1975〜1990年）　*166*

- ☞ ニューヨークでプロの証券アナリストに学ぶ　☞ バブルの東京マーケットで仕事をする　☞ プロの基礎となるのは倫理観

(4) 第4期　転職して年金運用の世界へ（1990〜2005年）　*169*

- ☞ 年金運用で投資顧問業界トップに　☞ 瞑想との出合い

(5) 第5期　投資教育家の時代（2005年〜）　*171*

- ☞ なぜ投資教育を始めたのか　☞ I-Oの方程式

(6) どうなる第6期？　*175*

- ☞ 株価指数研究所の創設　☞ 超越瞑想普及を支援する会　☞ 社会貢献企業を目指す

2. 私にとってのTM効果　*177*

(1) 瞑想は人生の質を高める　*177*

- ☞ 病に直面して　☞ 太極拳の心術　☞ なぜ年金運用でトップの投資顧問会社になれたのか　☞ 仕事を通じて世の中に笑顔を増やす　☞ 資産運用で成功する秘訣も意識の拡大　☞ ジョン・テンプルトン卿の教え

(2) 世界平和は笑顔から始まる　*185*

- ☞ 開眉仰月口　☞ 世界平和は周りの人たちの笑顔から　☞ 陰徳
- ☞ いのちよし、地球よし、未来よし

第5章　遊びの時代〜「しあわせ持ち」へのロードマップ　*191*

1. 「遊びの時代」のお金との付き合い方　*191*

(1) 定年前後から始まる変化　*191*

- ☞ 定年とリタイアメントは違う　☞ ポスト定年・プレリタイアメント
- ☞ プライオリティーが変わる

2. 「遊びの時代」をどう生きるか　*194*

(1) さあ、どうする50歳！　*194*

- ☞ 遊びの時代のための準備期間

(2) 「遊びの時代」の準備は現状の把握　*194*

- ☞ どんな準備が必要か？　☞ 50歳からの資産運用は手遅れなのか？
- ☞ コアとサテライト　☞ 資産運用に手品はない

(3) 収入源の確保　*199*

- ☞ 継続雇用、転職、起業　☞ 起業で成功するための4条件　☞ 年金受給を遅らせるメリット

（4）時間という資産の投資　*200*
　　　　　☞　1日の時間の使い方
　　（5）お金以外の資産の運用　*201*
　　　　　☞　旧友との関係を復活、「新」友をつくる　☞　お金のかからない趣味もたくさんある　☞　病気にならない健康投資　☞　白湯をゆっくりすする健康法

3. リタイアメント後の資産運用　*205*
　　（1）公社債投信に分散投資する　*205*
　　　　　☞　退職金の使い方にご用心　☞　退職金を何に投資するか　☞　資金の引き出し方はどうする
　　（2）人生を超えた投資をする　*208*
　　　　　☞　志を後世の世代につなぐ超長期投資をしよう　☞　ESGって何？　☞　世界が抱える問題　☞　ESGとインデックス運用　☞　本当に大切なのはディスクロージャー
　　（3）遊びの時代こそ100年投資を　*213*
　　　　　☞　ご長寿企業の基本理念は三方よし　☞　長期成長企業選択のポイント1：需要がなくならない企業　☞　長期成長企業選択のポイント2：長寿企業を支えるピラミッド　☞　長期成長企業選択のポイント3：長寿企業はお金を生かす　☞　株価をどう見るか　☞　社長に手紙を書こう

4. 幸福感が最大化するシニアライフ　*221*
　　（1）ほんの少しのお金で幸せがいっぱい　*221*
　　　　　☞　チャップリンのセリフ　☞　楽しみは……
　　（2）華麗なる加齢　*223*
　　　　　☞　存在力が発揮されるプロエイジングな生き方　☞　高齢化の症状を前向きに考える
　　（3）心の栄養になる言葉　*225*
　　　　　☞　ストレスは生きている証拠　☞　株式市場のストレスも、良いことが起こっている証拠　☞　リンボウ氏の減蓄
　　（4）「死」はリスクではない　*228*
　　　　　☞　薄紙を重ねるように　☞　天からのイエローカード　☞　困難は神様にチャレンジドとして選ばれた人のところに来る
　　（5）長期投資は一生では短すぎる　*230*
　　　　　☞　「しあわせ袋」を背に負って　☞　投資は「投志」素晴らしき人生の第四コーナー

おわりに　*233*
　　◇著者プロフィール　*236*

第1章　学びの時代～お金の基礎知識を得る

1. たまには人生について考えてみよう

(1) 100年人生、三つのステージ

☞　学びの時代は人的資産の形成期

　100年の人生は、大きく三つのステージに分けられます。「学びの時代」「働きの時代」「遊びの時代」です。生まれてから最初の約30年は学びの時代です。生まれてすぐに呼吸すること、栄養を取ること、座ること、歩くことを覚えます。そして、学校に入り知識を増やし、就職して最初の10年ぐらいは学びの時代です。この時期に人間は「人的資産」を形成することになります。

　人的資産というのは少々、耳新しい言葉かもしれません。それは、その人が生涯かけて稼ぐお金の現在の価値の合計を表します。ですから学びの時代は、次の働きの時代を通じて正しく働き、良い世の中つくりに貢献する能力を増やすのが目的となります。

　人的資産は年齢とともにだんだん低下していきます。働ける時間の残りが減っていくのですから当然です。むろん、その人の人間としての価値が減っていくわけではありません。あくまでも残された人生で、どれだけ収益をあげつつ社会貢献をするかという視点での価値です。

☞　働きの時代は金融資産の形成期

　人は、学びの時代から働きの時代へと徐々に移行します。働きの時代はおおよそ30代半ばから60代半ばぐらいまでです。この時代、年齢とともに人的資産が減少していく一方で、増加していくのが金融資産です。学びの時代に形成した人的資産を活用して、金融資産を形成するのです。人的資産を活用し、世の中から感謝されるような仕事をして、みんなから感謝されお金をいただく。こうして感謝がたまることで増えていくのがその人の信用です。これが働きの時代です。

☞　遊びの時代は生きざまの形成期

　そして、遊びの時代に入ります。遊びといっても家でゴロゴロしていたり、銀座で豪遊したりするのとは違います。仏典のひとつ、観音経に「観世音菩薩（かんぜおんぼさつ）は　いかにして娑婆（しゃば）世界に遊ぶや　いかにして衆生のために法を説くや」という言葉があります。専門家ではありませんが、長い修行をして悟りを得られた観音様が世の中の人たちを救済するために法を説く、それが観音様の遊びだと私は理解しています。

　観音様とはスケールが違いますが、われわれ、それなりに長いこと生きてきて学んだことを次の世代に受け継いでもらうのが本当の「遊び」なのではないかと思います。自分が一番したいことをすると、それがそのまま世の中のためになる。それが遊びです。

☞　生きざまを見せて次世代の人的資産形成に寄与する

　真の遊びは「生きざま」を形成するものです。それがどのように活用されるかというと、次の世代の人的資産の形成に資するのです。「あのじいさん、かっこいいな」とか、「ああいうおばあちゃんに私もなりたい」と若者が思うようなロールモデルを見せてあげるのが、遊びの時代の目標です。それは

次世代の人的資産形成につながります。

そう考えると人生は面白いものです。学びの時代には人的資産を形成する。働きの時代には人的資産を活用して、金融資産を形成する。そして、遊びの時代には金融資産を活用して生きざまを形成する。それが次の世代の人的資産の形成につながる。こうして、人的資産、金融資産、生きざまの形成と活用を繰り返しつつ、世代を超えてつながっていくのです。

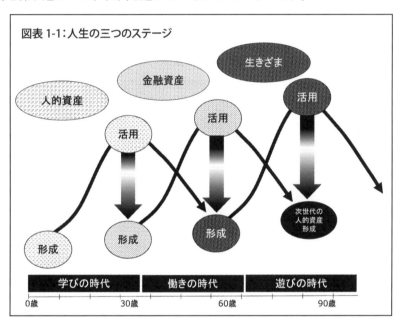

(2) 私たちの生きている目的は？

☞ 人生の目的は？

「皆さんは何のために生きているのですか？」
「皆さんの人生の目的は何ですか？」
　私はセミナーなどで参加者の方に聞いてみます。多くの人が少々困惑した顔をされます。人生について改めて考えてみたことがないのかもしれません。

朝、目が覚めて、1日生活をして夜眠くなったら寝る。何のためにその繰り返しをしているのでしょうか。お金持ちになるためでしょうか。しかし、お金持ちがみんな、幸せな人とは限りません。もちろん、まったくお金がないのは困るでしょう。でも、よく考えてみると資産の大きさと幸福感の大きさは必ずしもイコールではないようです。

　では、出世するためでしょうか？　偉くなって権力を得るためでしょうか。もちろん、大きな影響力を持ち、良い世の中をつくるために貢献する人もいます。しかし、権力を振り回して問題を起こし、お詫び会見でみじめな姿をさらしたり、逮捕されたりする人もいます。

　では、われわれが毎日、朝、目を覚まして夜寝るという繰り返しの中で向かっている長期的な目的は何なのでしょう。

☞　われわれは「しあわせ持ち」になるために生きている

　私たちは「しあわせ持ち」になるために生きているのです。

　昨日よりも今日、今日よりも明日、幸福感が増大する。今だけではなくずっと続く幸福感を得られる生き方が理想です。それは、自分一人の幸福感だけでなく周りの多くの人たちも幸福にする生き方です。まさに「今」から「未来」につながる、「自分」も「世の中」も幸せになる、幸福感を得ることこそが「しあわせ持ち」の生き方です。

　そのような生き方をしていれば、命を終えるときが一番幸せになるはずです。「こんなに良い人生を送れた自分は何と幸せなのだろう」と思いつつ人生を終えたいものです。

(3) 幸せな人生のために何が必要か

☞ 六つの富

人生の目的はお金持ちになることではありません。「しあわせ持ち」になることです。私は「しあわせ持ち」になるための「六つの富（ふ）」というお話をよくしています。幸せな人生に不可欠な六つの要素です。それらは以下のようなものです。

・ファイナンシャル・アセット（金融資産）
・フィットネス（心と体の健康）
・ファミリー（家族、無償の愛で結ばれた身近な存在）
・フレンド（仲の良い気の合う仲間、友達、交友関係）
・ファン（楽しみ、趣味）
・フィランソロピー（社会貢献）

ファイナンシャル・アセット、フィットネス、ファミリー、フレンド、ファン、フィランソロピー、英語では全部、「フ」で始まるでしょう。それで六つの富（ふ）なのです。皆さんの六つの富の大きさはどのぐらいですか。六角形はバランスが取れていますか？　極端にゆがんでいませんか？

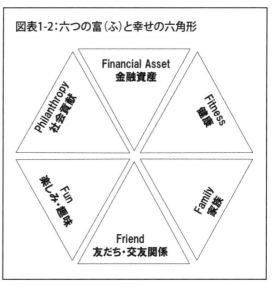

図表1-2：六つの富（ふ）と幸せの六角形

お金は飛び抜けてたくさんあるけれど、不摂生な生活で体は病にむしばまれ、家族は争いごとが絶えない。友達も少なく、いるのは悪事に走る人ばかり、楽しみも堕落した趣味ばかり。人のためにお金を使うなどまったくない。まあ、そんな人とはあんまり付き合いたくないですよね。

　それよりも、決してお金持ちとはいえないけれど普通に生活できるだけの資産があり、健康で楽しい毎日を良い家族、良い友達と過ごすことができる。長年、続けている趣味もあり、できる範囲で社会貢献活動も行っている。やはり、このような人の方がずっと幸せでしょう。

　重要なのは、お金だけがたくさんあっても「しあわせ持ち」に必ずなれるというわけではないということです。しかし、お金が極端にないのも困ったものです。生活に必要な資金に、少しだけ余裕のある資産を長い時間をかけて形成していくことが大切なのです。

2. お金について考えてみよう

(1) 出張授業

☞　お金は汚いもの

　私は2003年から経済同友会に参加させていただいています。そして、2004年ごろよりその活動の一つである「学校と企業・経営者の交流活動推進委員会（通称：出張授業）」に所属しています。今日まで数多くの中学校や高校で授業をさせていただきました。そして、私の子ども向けの金銭・投資教育の幅は広くなり4歳程度の子どもたちから大学生まで、そして学校のみならず企業、コミュニティー、官公庁などまでにも広がっています。

初期のころから毎回、授業の前にアンケートを取っています。その結果、一つ重要なことに気付きました。過半数の子どもたちが「お金は汚いもの」「お金持ちは悪い人」と考えているということです。これは過去10年以上にわたって行っていますが、景気の状態や地域によって差はありますが、この二点についてはかなり安定した回答となっています。

　これは深刻な問題です。この子どもたちが大人になり社会に出たときに、彼ら、彼女らはどんな気持ちで仕事をするのでしょうか。そんな思いが、そもそも子どものための金銭教育に私が注力しようと思った大きなきっかけとなったのです。2005年に起業をしたときに投資教育を選んだのも、そのような理由によるものです。

（2）お金はどうして大切なのか

☞　無人島でお金の価値はどうなる？

「お金はどうして大切なのでしょうか」
私の中学校や高校での出張授業ではまず、この質問をします。

「お金がないと必要なものが買えない」
「生活ができない」

これらが一番多い答えです。

　では、もし、たくさんのお金を持って無人島に住んでいたらどうでしょう。無人島では、お金は何の価値もありません。お金に価値があるのは、その価値をみんなが信頼してくれ、必要なもの、欲しいものと交換できるからなのです。

☞　お金は感謝のしるし

　必要なもの、欲しいものが手に入れば「うれしい」「ありがたい」と思います。そう思うから自分の持っている大切なお金を相手に渡すのです。自分が額に汗して稼いだ大切なお金を払うのです。だから、お金は感謝のしるしなのです。

　お金は感謝のしるし、これが一番、子どもたちに伝えたいメッセージです。でも、本当は大人にもそれをよく理解していただきたいのです。

　残念なことに世の中には人に感謝されないでお金だけを手に入れようという人もいます。人をだましたり、人のものを盗んだりしてお金だけを得ようとする。そういう人は本当に大切なことに気づいていない、かわいそうな人です。悪事はすぐにばれます。そして、社会的な制裁を受けることになります。

　そのような姿をわれわれはしょっちゅう目にします。だからいつの間にか大人も子どもも「お金は汚いもの」「お金持ちは悪い人」という印象が刷り込まれていき、それが先入観念になってしまうのです。

　私たちは「しあわせ持ち」になるために生きているのです。では、お金は必要ないのかといえばそんなことはありません。お金があれば自分の生活の自由度が増します。お金を使って他の人々を幸せにしてあげることができます。お金で世の中の困っている人、苦しんでいる人を笑顔にしてあげることができます。そして、人が笑顔になってくれると自分も笑顔になるのです。

　「お金とかけてトイレットペーパーと解く」という謎解きがあります。そのココロは「どちらも多過ぎると困る」というものです。私はこの答は間違っていると思います。確かにトイレットペーパーは多過ぎるほど持つ必要はないでしょう。しかし、お金は違います。お金がたくさんあれば自分の生活基盤を整えるばかりではなく、お金を使って困っている人を助けたり、良い世

の中をつくるために貢献したりできます。

☞　感謝がたまると信用が高まる

　お金は感謝のしるしです。ですから、正しくお金を稼ぐほど、人から受ける感謝も増えます。人から受けた感謝がたまるほどその人の信用が高まります。信用という財産がたまるのです。これは個人だけの話ではありません。

　会社など、あらゆる組織も人々からどれだけ感謝される存在かによってその信用度が決まります。さらに、国家も同様です。国民が、そして世界の国々がどのぐらい感謝をしているかによって国の信用が決まります。

　国家の場合には、それは重要な問題です。通貨は国家の信用をバックにして発行されているのですから。最近では仮想通貨などが話題になっていますが、これはインターネットの中での相互の信頼をベースに流通しているものです。

　長期にわたる世界的な超金融緩和でお金の流通量が増えました。その結果、お金一単位当たりの国家の信用が希薄化する一方、技術革新でインターネット内の信用が高まっていることにより、起こっている現象なのではないでしょうか。まだまだ通貨として安定するには長い時間がかかると思いますが、注目すべき動きだと思います。

（3）どうしたらお金が稼げるか

☞　「ありがとう」と言われてお金を稼ぐ

　では、どうしたらお金が稼げるでしょう。答えは簡単です。お金は感謝の

しるしですから、人に感謝されることをすればお金を稼ぐことができるのです。みんなから「ありがとう」と言われることをすることでお金を稼ぐことができる。これが本来のあるべき姿です。

　人に感謝されることは自分にとってとても楽しく、幸福感に満ちたものです。これが働くということの原点なのです。

　「働く」という言葉は「はた」を「らく」にすることだといわれています。「はた（傍）」の人たち、まわりの人たちを「らく（楽）」にしてあげる。そうすればみんなから感謝される。だからお金をいただけるのです。

☞　世の中に仕える事が「仕事」

　「仕事」という言葉は「仕える事」と書きます。「仕える」というのは自分よりも上位のものに奉仕するということです。神様に仕えるとか、上司に仕えるというように使います。それではわれわれが仕えるべき一番上位にあるものは何でしょう。それは世の中です。つまり、世の中が少しでもよくなるように奉仕することがまさに「仕事」なのです。

　ところで、先ほど紹介した六つの富の中には仕事が入っていません。確かに、仕事はお金のためにするものです。それは仕事の一側面として間違いではありません。

　でも、お金さえもうかればよいのではなく、同時に社会貢献的意味もあるのです。仕事を通じて世の中をよくしていく。みんなが喜ぶことをする、そして感謝されることでお金を得ることができる。みんなから感謝されるとどんな感じがするでしょうか。当然、うれしくなります。楽しくなります。

　ですから、六つの富でいえば仕事は「お金」「社会貢献」「楽しみ」が合体したものなのです。自分が楽しみながら世の中のためになることをしてお金

がもらえる。これが仕事というものの本質です。

「楽してもうける方法はありませんか」と、よく中学生や高校生から聞かれます。この質問が実は非常に多いのです。楽（らく）してもうけることはできません。なぜなら楽をさせてもらうということは自分が感謝のしるしのお金を払うことになるからです。でも、楽（たの）しくもうけることはできるのです。

人に喜んでもらえることほどうれしいことも楽しいこともありません。だから、「楽（らく）して」ではなく「楽（たの）しく」お金を稼ぐのが「しあわせ持ち」に通じる道なのです。世の中のためになる仕事をして感謝のしるしのお金を得る。次に大切なのがそのお金をどのように使ったら一番、幸福感が大きくなるかということです。それが「ハッピー・マネー®四分法」なのです。

3. ハッピー・マネー®四分法

（1）米国生まれのピギーちゃん登場！

☞　シカゴでの出会い

確か、2010年ごろだったと思います。米国のサンフランシスコで古い友人とランチをしていました。そのとき彼が突然、私に「セイブ（ためる）とインベスト（投資する）ってどう違うの？」という質問をしたのです。

面白い質問だなと思いました。「どうしてそんなことを聞くの？」と尋ねると「実は子どもに貯金箱を買ってあげたら背中に四つの穴があってね、それぞれ、セイブ（ためる）、スペンド（消費する）、ドネイト（寄付する）、

インベスト（投資する）と名前が付いているんだ、スペンドとドネイトはだいたい分かるけど、セイブとインベストの違いがはっきりしなかったんだ」という答えでした。私は次のように答えました。

「１ドル札を貯金箱に入れれば、そのお金は使わないからそこに残るだろう。また、１ドル入れれば２ドルになる。でもそれはたまっているだけで増えてはいない。これがセイブなんだ。インベストというのはね、１ドルが１ドル５セントになって、１ドル10セントになってというようにだんだん育っていくものなんだ。つまり、お金が成長するわけだね。でも、その貯金箱、面白いね。どこが発売しているものなのか、教えてくれよ」

すぐに彼からメールがきて発売元がわかりました。米国イリノイ州シカゴの北の方にあるマネー・サビー・ジェネレーションという子ども向けの投資教育を専門に行っている会社でした。

それからしばらくたって私はシカゴに出張する機会がありました。そこでマネー・サビー・ジェネレーションの社長にメールを送り、ぜひ、一度会って話がしたいと申し込みました。彼からは快諾の返事がありました。

2012年の春、シカゴでランチをし、彼らの仕事に非常に感銘を受けました。強欲資本主義などと言われることも多い米国で実にまっとうな投資教育をしている会社があるのは驚きでした。

☞　日本で発売

同じ年の夏、再度、シカゴに行き、彼らのオフィスで細かい点を３日間にわたって話し合いました。すでに子ども向けの金銭・投資教育を始めていた私は、この会社となら手を組んでやっていきたいと思いました。そして、12月には販売契約を結び、2013年４月から彼らの一番代表的な商品、マネー・サビー・ピッグを日本で販売し始めました。

「サビー」というのは「精通した」というような意味です。でも、マネー・サビー・ピッグといっても日本ではあまり理解されないでしょう。そこで日本では「ハッピー・マネー®のピギーちゃん」と呼ぶことにしました。

　この商品はかわいいブタさんの形をしています。一般的なブタの貯金箱は背中に一つ穴が開いていて、そこからお金を入れるとおなかにお金がたまります。日本の招き猫の貯金箱も同じです。一方、ピギーちゃんの背中には四つの穴が開いています。胴体も四つの部屋に分かれており、それぞれの足につながっています。

　それぞれの部屋にはセイブ、スペンド、ドネイト、インベストと書かれています。私は、セイブは「ためる」、スペンドは「つかう」、ドネイトは「ゆずる」、インベストは「ふやす」と訳すことにしました。同時に「ハッピー・マネー」という言葉を商標登録し、この四つのお金の使い方を「ハッピー・マネー®四分法」と名付けました。こうして私の子ども向けの投資教育にピギーちゃんという強い味方が加わり、活動に拍車がかかり始めたのです。

　ちなみに米国ではこのピギーちゃんは３歳の子どもから使われているそうです。なお、日本では小パーツで窒息の恐れがあるため保護者の管理の下、３歳以下の幼児の手の届かないところでお使いいただくようにしています。推奨年齢は小学校高学年以上です。

　なお、ピギーちゃんは以下のサイトでお求めになれます。
https://happymoney.stores.jp/

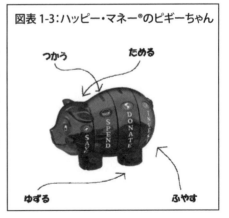

図表1-3:ハッピー・マネー®のピギーちゃん

(2)「ためる」「つかう」「ゆずる」「ふやす」はどう違うか

☞ お金は四つの用途に分ける

　ハッピー・マネー®四分法はお金を「ためる」「つかう」「ゆずる」「ふやす」の四つに分けて使おうというものです。でも、本当は子どもだけではなく、大人にもよく知ってもらい、実践してもらいたいと思っています。

　「つかう」というのは今の自分に喜びをもたらします。お金を使って、今欲しいものを買えば、今の自分がうれしいのです。

　「ためる」というのは少し先の自分の喜びのためです。1カ月の予算やお小遣いでは買えないものを何カ月かかけてお金をためて買えば、大きな喜びを得られます。我慢によって喜びのご褒美が大きくなるのです。

　「ゆずる」は自分のためではなく、困っている人、苦しんでいる人などのためにお金を使うことです。つまり、世の中を少しでも良くするためのお金です。

　「ふやす」は将来のために増やしておきたいお金を、今、事業にお金を必要とする会社に使わせてあげる。その会社がたくさんの人たちのお金を使わせてもらい、世の中のためになる仕事をする。世の中の人々から感謝され、感謝のしるしとして会社にお金が集まってくる。それが会社の利益です。その利益の一部が将来に自分の元に戻ってくるというものです。

　この「ふやす」で解説したことが「投資」というものの基本です。投資というと株価を見ながら売ったり買ったりしてもうけようとすることだというイメージがありますが、それは間違っています。投資というのは自分のお金を企業に融通し、その企業を通して社会のために役立てることです。お金を

融通するから「金融」というのです。

　今日、日本を代表する大企業、トヨタにしろ、パナソニックにしろ、みんな最初はこのようにして育っていったのです。社会のために役立つことを続けていったことで会社が大きくなったのです。

　ハッピー・マネー®四分法の効果は四つのお金の使い方で今の自分から少し先の自分、そしてずっと将来の自分のためにお金が役立つことが分かります。同時に、自分のため、困っている人のため、そして、世の中のために事業をしようとしている人のためにお金を使うことができるのが理解できます。

☞　ハッピー・マネー®四分法で意識の時空が広がる

　このようにお金は人間の意識を広げてくれる働きをします。ハッピー・マネー®四分法で「今・自分」という小さな箱の中に閉じ込められていた意

図表1-4：ハッピー・マネー®四分法と時空意識の拡大
（イラスト：ムムリク）

識が「永遠・世の中」へ向かって拡大するのです。本書の「はじめに」で述べた「意識の時空の拡大」（図表0-1）がまさにピギーちゃんで体現されているのです。この学びは人生にとって、とても素晴らしいことです。

　現在、私が行っている子どものための金銭・投資教育では、ピギーちゃんとハッピー・マネー®四分法がその基本になっています。画家のムムリクさんが私のストーリーを素晴らしいイラストにしてくれました。現在は、そのイラストを紙芝居にして子どもたちへの授業に使っています。残念ながら、ムムリクさんは2015年に亡くなってしまいました。今、天国から私の授業をニコニコしながら見てくれていると思います。なお、本書ではムムリクさんのイラストも何点か使っています。お楽しみください。

　また、ハッピー・マネー®・ソングという曲を旧知のLabiさんが作詞、作曲してくれました。3分ほどの短い曲にハッピー・マネー®四分法のコア・コンセプトが凝縮されています。授業では毎回、この曲を流すことにしています。一回聞くと頭から離れなくなるメロディーです。

図表1-5：ハッピー・マネー®・ソング

よろこびわけあう　そのきもちで
みんなのえがお　ひろがってくんだ
マネー、ハッピー・マネー（4かいくりかえし）
おかねはかんしゃのしるしです
こころをこめて　ありがとう
よろこびわけあう　そのきもちで
みんなのえがお　ひろがってくんだ
ハッピー、ハッピー、ハッピー・マネー
（4かいくりかえし）
マネー、ハッピー・マネー（4かいくりかえし）

コツコツためよう　Save（セイブ）！
だいじにつかおう　Spend（スペンド）！
大きくふやそう　Invest（インベスト）！
そして人にもゆずろう　Donate（ドネイト）！
ハッピー、ハッピー、ハッピー・マネー
（4かいくりかえし）
マネー、ハッピー・マネー（4かいくりかえし）
よろこびわけあう　そのきもちで
みんなのえがお　ひろがってくんだ
しあわせ　ひろがってくんだ（fuー！）

作詞・作曲：Labi

4. 大人のためのハッピー・マネー®四分法

(1) お金の賢い使い方

☞ 大人もお金のことを知らない

　私はハッピー・マネー®四分法を子どもたちに教えています。よく保護者の方も私の授業に同席してくださいます。ハッピー・マネー®四分法の話をすると、実は一番深くうなずいてくださっているのが保護者の方々なのです。

　考えてみれば日本では金銭教育はほとんどされていません。ですから、保護者の方にとって私の話が耳新しいのも無理はないのです。ですから、ここで大人のためのハッピー・マネー®四分法としてお金に関する最も大切な基礎知識を述べておきましょう。

　ハッピー・マネー®四分法では、お金をどのように分けて使うかを教えます。まず、最初の「つかう」は消費です。そこで大きな問題になるのは、例えばある金額を「つかう」ことに決めたとしてどのような使い方が一番よいかということです。

☞ ニーズとウォンツの区別

　無駄なお金を使わないコツはそんなに難しいものではありません。まず、自分が欲しいと思っているモノを「見える化」してみればいいのです。

　私たちがお金を出して買うものには2種類あります。一つは"物"です。食品でも、パソコンでも、本でもみんな物です。もう一つはサービスです。

電車賃、映画の入場料、床屋、これらは物をもらうわけではなく、サービスを提供してくれているのです。お金を払う対象は物とサービスです。

現代では、一般に「モノ」というと物質的な物を指します。しかし、本来の日本語では必ずしもそうではなかったようです。例えば、物語、物思いなどで使われる"物"は抽象的なモノです。それにならって本書では物とサービスの両方を合わせて「モノ」と呼び、カタカナで表記することにします。

ところで、お金を出して手に入れようとするモノには2種類あります。ニーズとウォンツです。ニーズというのは私たちが生きていくためにどうしても必要なものです。一番分かりやすいのが衣食住です。

一方のウォンツはニーズを満たす手段です。衣食住の「食」を例にとると、空腹を満たすための「食」はニーズです。その食というニーズを満たす手段としてラーメン、カレーライス、牛丼、ピザなどたくさんの選択肢があります。これらはウォンツになります。

つまり、ウォンツはニーズよりも具体的なものを指し、そこに選択の余地があるのです。しかし、欲しいものすべてを買えるわけではありません。普通はお金に制約があるからです。その制約の中で満足感を最大化できる消費の組み合わせがベストの選択だということになります。

☞ 賢い買い物とは

私は賢い買い物のプロセスを以下のように考えています。

①必要な（欲しい）モノのリストを作る
②必要な（欲しい）順番を付ける
③値段を比較する
④すぐに買わずにしばらく考える

買い物をするときの心得として、次の4点をお勧めしています。面白いことにこの4点、株式を買うときの心得にも通じるものがあります。

①値段で買わず価値を買う
②自分の価値観で買う
③借金はできるだけしない
④買うならば、世の中のためになる良い会社のモノを買う

要するに、セールになっているから必要でもないモノを買ってしまう、みんなが買っている、はやっているからつい買ってしまう、ということではないのです。しかも、自分のお金で買える以上のものを買ってしまうことは避けましょうということです。

消費行動は選挙のようなものです。どの会社の製品を買うかというのは選挙の投票のようなもの。同じ買うならば世の中のためになっている良い企業のモノを買うことは、消費者として世の中を良くしていく一歩だと思います。

(2) お金をためるということ

☞ 我慢のご褒美は大きな喜び

ハッピー・マネー®四分法の中の「ためる」は貯蓄です。「ためる」を子どもたちに説明するときにこんな話をします。

もうすぐ妹の誕生日です。兄の僕としては何かプレゼントをしたいと思っています。欲しいものはかなり持っているようなので、サプライズパーティーをしてはどうかと思いつきました。友達にも内緒で声をかけて、みんなでお祝いすればすごく楽しそうです。準備を考えます。まず、大きなバースデーケーキを手配しなければなりません。

でも、値段を調べるとかなり高いんです。とても1カ月のお小遣いでは買えません。ピギーちゃんの「ためる」の部屋にはお金は全然入っていません。幸い、誕生日はまだ3カ月先です。そこで大決心、これからはお小遣いの半分は使わないで「ためる」の口にお金を入れることにしようと思ったのです。

　3カ月がんばりました。本当は買いたいものもあったけど、じっと我慢をしてとうとう大きくておいしそうなケーキを買いました。そして、たくさんの友達も来てくれて、とても楽しいサプライズパーティーをすることができました。

　あのとき、誘惑に負けずにお金をためてきて本当によかった。ためるって結局、我慢することなんだと分かりました。そして、我慢のご褒美が大きな喜びだったのです。

図表1-6：小さな我慢が喜びを大きくする

（イラスト：ムムリク）

　私の娘がまだ小学生だったころだと思います。お年玉が1万円たまりました。あれを買おうか、これを買おうか、いろいろと考えていたようですが結局決まらず、私の元に相談に来ました。「それならとりあえず銀行の1年

定期にしておいたら？」ということで、銀行の仕事や普通預金と定期預金の違いなどを話して、結局、１年物の定期預金にしました。

そして、１年後、彼女は最初の１万円に500円の利子が付いていることを発見したのです。とても驚いていました。当時の小学生にとって500円は大金です。それが１年間、使うのを我慢したら手に入った。たぶん、我慢のご褒美は大きな喜びということを実感したのでしょう。

ここしばらく、世界的に超低金利の時代が続きました。特に日本では構造不況の影響もあり、他の国以上に長く実質ゼロ金利が続いています。私の娘のような感激を体験できない今の子どもたちはかわいそうだと思います。同時に、我慢することの価値を知らないまま大人になってしまった人も多いことでしょう。

我慢すると喜びが大きくなるというのは時間が価値を生み出すからです。お金も時間という要素を加えると増えるのです。金利が高いほど「将来の喜び」が「今の喜び」と比べて大きくなるのです。反対にマイナス金利は言うに及ばず、ゼロ金利のもとではその差が非常に小さくなるのです。

図表1-7：カネくいムシ

（イラスト：ムムリク）

子どもたちには、君たちの心の中には「金食い虫」がいて、お金を「使っちゃえ、使っちゃえ」と誘惑しているんだよ。金食い虫には注意をしようという話をします。金食い虫のイメージをムムリクさんが描いてくれました。あるとき、小さな子が心配そうに聞いてきました。「その虫は昆虫の一種ですか？」と。かわいいですね。子どもたちのこんな反応、大好きです。

今、ダイエットをするのはつらい、しかし、将来のためにはそれはよいこ

とでしょう。今、エクササイズをするのは苦しいものです。でも、いつまでも元気でいるためにはそれは必要なことかもしれません。今、将来のためにお金を取っておくのはつらい。しかし、退職後の生活が安泰であるためには必要なことです。

問題はゼロ金利によって将来の喜びが今の喜びと変わらなくなってしまっていることです。その結果、生活全体が「将来よりも今が大事」となっているのです。しかし、これは異常な状態です。ようやく今、世界的に超低金利から脱出しようという動きが出てきています。これは金融市場が正常化するためには必要なことだと思います。

☞ 複利のパワー

資産運用を行う上で非常に重要なのが複利という概念です。今では夢のような話ですが、分かりやすく1年物の金利が仮に5％だとしましょう。100万円を預金すると1年後には5万円の利息がもらえます。

それを使ってしまえば元本は100万円のままで、金利に変動がなければ2年後にもまた5万円がもらえます。ずっと金利が一定でこれを毎年続ければ、元本は100万円のままでいつまでたっても増えません。これは単利と呼ばれる方式で、退職後のための資産形成には適しません。つまり、資産はいつまでたっても増えないからです。

では、1年後にもらった5万円を使わずに元本に加えたらどうでしょう。2年目の最初の元本は105万円となるので、2年後の金利はその5％のままで5万2500円になります。それも元本に加えると3年目の終わりには元本が110万2500円なので、利息は5万5125円となります。こうして元本自体が増えていくのです。これが複利による運用です。これは預金に当てはまるだけではありません。株式投資でも同じことがいえます。

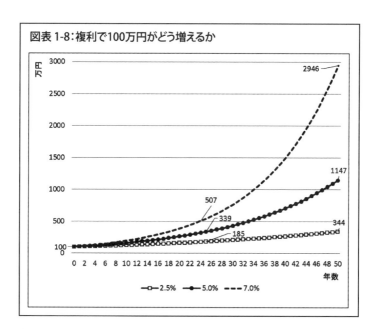

　複利の効果は二つの面で現れます。一つは期間が長くなるほど金額が尻上がりに大きくなるということです。もう一つは、時間がたつほどわずかな利回りの差がどんどん大きくなるということです。まさに複利は「福」利なのです。

☞　72の法則

　覚えておくと便利な法則があります。「72の法則」と呼ばれるものです。これは金利と運用期間を掛け合わせた答えが72になる組み合わせで、資産がほぼ2倍になるというものです。

「金利 × 運用期間 = 72」の組み合わせ ⇒ 資産がおよそ2倍になる

　例えば100万円を2％で36年運用すると2 × 36 = 72ですから、36年後には約200万円になっていることになります。3％なら24年、4％なら18年、6％なら12年ということになります。

ですから30歳のときに10万円を投資して、仮に2％で65歳まで36年間運用できたとすると約20万円になっていることになります。もし、4％で運用すると18年後の47歳のときに20万円、それからさらに18年後の65歳のときには40万円になっている計算になります。あ

図表1-9：72の法則

利率(%) × 年数＝72	
0.5%	114年
1.0	72年
2.0	36年
3.0	24年
4.0	18年
6.0	12年
8.0	9年

くまで概算値ですが、長期で複利の効果を生かす効果が分かると思います。

それでは、現在の普通預金金利が0.02％だとしていつごろから預金をすれば、今の資産が倍になっているでしょうか？　どれが正解でしょう。

①縄文時代後期？
②聖徳太子が摂政となる？
③鎌倉幕府が成立？
④徳川幕府が成立？
⑤明治維新？

答えは……、①です。つまり、72÷0.02＝3600、3600年前です。もちろん、当時は銀行もなかったでしょうから現実的ではありません。ですから、現在の金利ではお金はちっとも増えないことが分かると思います。

☞　複利表の見方

ここで複利の効果が一気に分かる一覧表（図表1-10）を掲示しておきます。まず、図表1-10左側のA表は現在の1円がどのように増えるかを示しています。前の年の末にそれぞれの利率の投資対象に投資をした場合、元本がどのように増えるかを示しています。

例えば2％の利率で36年のところを見ると、2.04となっていますね。72の法則で約2倍になるということが示されています。同じように3％で24年のところは2.03とこれもほぼ2倍になっているのが分かります。

ところで、年2％利回りで毎年1円ずつ36年間投資をしたらどうなるでしょう。これを示すのが右側のB表です。B表の2％利回りで36年のとこ

図表1-10：複利表

利率⇒ 期間	A表 現在の1円がどのように増えるか					B表 毎年、1円ずつ投資するとどのように増えるか（期末積立）				
	5%	4%	3%	2%	1%	5%	4%	3%	2%	1%
0	1.00	1.00	1.00	1.00	1.00	0.00	0.00	0.00	0.00	0.00
1	1.05	1.04	1.03	1.02	1.01	1.00	1.00	1.00	1.00	1.00
2	1.10	1.08	1.06	1.04	1.02	2.05	2.04	2.03	2.02	2.01
3	1.16	1.12	1.09	1.06	1.03	3.15	3.12	3.09	3.06	3.03
4	1.22	1.17	1.13	1.08	1.04	4.31	4.25	4.18	4.12	4.06
5	1.28	1.22	1.16	1.10	1.05	5.53	5.42	5.31	5.20	5.10
6	1.34	1.27	1.19	1.13	1.06	6.80	6.63	6.47	6.31	6.15
7	1.41	1.32	1.23	1.15	1.07	8.14	7.90	7.66	7.43	7.21
8	1.48	1.37	1.27	1.17	1.08	9.55	9.21	8.89	8.58	8.29
9	1.55	1.42	1.30	1.20	1.09	11.03	10.58	10.16	9.75	9.37
10	1.63	1.48	1.34	1.22	1.10	12.58	12.01	11.46	10.95	10.46
11	1.71	1.54	1.38	1.24	1.12	14.21	13.49	12.81	12.17	11.57
12	1.80	1.60	1.43	1.27	1.13	15.92	15.03	14.19	13.41	12.68
13	1.89	1.67	1.47	1.29	1.14	17.71	16.63	15.62	14.68	13.81
14	1.98	1.73	1.51	1.32	1.15	19.60	18.29	17.09	15.97	14.95
15	2.08	1.80	1.56	1.35	1.16	21.58	20.02	18.60	17.29	16.10
16	2.18	1.87	1.60	1.37	1.17	23.66	21.82	20.16	18.64	17.26
17	2.29	1.95	1.65	1.40	1.18	25.84	23.70	21.76	20.01	18.43
18	2.41	2.03	1.70	1.43	1.20	28.13	25.65	23.41	21.41	19.61
19	2.53	2.11	1.75	1.46	1.21	30.54	27.67	25.12	22.84	20.81
20	2.65	2.19	1.81	1.49	1.22	33.07	29.78	26.87	24.30	22.02
21	2.79	2.28	1.86	1.52	1.23	35.72	31.97	28.68	25.78	23.24
22	2.93	2.37	1.92	1.55	1.24	38.51	34.25	30.54	27.30	24.47
23	3.07	2.46	1.97	1.58	1.26	41.43	36.62	32.45	28.84	25.72
24	3.23	2.56	2.03	1.61	1.27	44.50	39.08	34.43	30.42	26.97
25	3.39	2.67	2.09	1.64	1.28	47.73	41.65	36.46	32.03	28.24
26	3.56	2.77	2.16	1.67	1.30	51.11	44.31	38.55	33.67	29.53
27	3.73	2.88	2.22	1.71	1.31	54.67	47.08	40.71	35.34	30.82
28	3.92	3.00	2.29	1.74	1.32	58.40	49.97	42.93	37.05	32.13
29	4.12	3.12	2.36	1.78	1.33	62.32	52.97	45.22	38.79	33.45
30	4.32	3.24	2.43	1.81	1.35	66.44	56.08	47.58	40.57	34.78
31	4.54	3.37	2.50	1.85	1.36	70.76	59.33	50.00	42.38	36.13
32	4.76	3.51	2.58	1.88	1.37	75.30	62.70	52.50	44.23	37.49
33	5.00	3.65	2.65	1.92	1.39	80.06	66.21	55.08	46.11	38.87
34	5.25	3.79	2.73	1.96	1.40	85.07	69.86	57.73	48.03	40.26
35	5.52	3.95	2.81	2.00	1.42	90.32	73.65	60.46	49.99	41.66
36	5.79	4.10	2.90	2.04	1.43	95.84	77.60	63.28	51.99	43.08
37	6.08	4.27	2.99	2.08	1.45	101.63	81.70	66.17	54.03	44.51
38	6.39	4.44	3.07	2.12	1.46	107.71	85.97	69.16	56.11	45.95
39	6.70	4.62	3.17	2.16	1.47	114.10	90.41	72.23	58.24	47.41
40	7.04	4.80	3.26	2.21	1.49	120.80	95.03	75.40	60.40	48.89
41	7.39	4.99	3.36	2.25	1.50	127.84	99.83	78.66	62.61	50.38
42	7.76	5.19	3.46	2.30	1.52	135.23	104.82	82.02	64.86	51.88
43	8.15	5.40	3.56	2.34	1.53	142.99	110.01	85.48	67.16	53.40
44	8.56	5.62	3.67	2.39	1.55	151.14	115.41	89.05	69.50	54.93
45	8.99	5.84	3.78	2.44	1.56	159.70	121.03	92.72	71.89	56.48
46	9.43	6.07	3.90	2.49	1.58	168.69	126.87	96.50	74.33	58.05
47	9.91	6.32	4.01	2.54	1.60	178.12	132.95	100.40	76.82	59.63
48	10.40	6.57	4.13	2.59	1.61	188.03	139.26	104.41	79.35	61.22
49	10.92	6.83	4.26	2.64	1.63	198.43	145.83	108.54	81.94	62.83
50	11.47	7.11	4.38	2.69	1.64	209.35	152.67	112.80	84.58	64.46

ろを見ると51.99になっています。つまり、毎年12月末に1万円ずつ2%の定期預金を複利で運用すると36年後には約52万円になっているということです。もちろん、毎年、確実にそれぞれの利回りがとれるという前提に立った計算です。

☞ 毎年、複利で積み立てたらどうなるか

それでは毎年10万円を積み立てていったらどうなるでしょう。例えば利率を2%とするなら、1年後には10万2000円になります。2年目の初めにまた10万円を積み立てるので、合計は20万2000円です。この金額が2%の金利を稼いでくれるので、2年目の終りには20万6040円となっています。さらに3年目に10万円を積み立てますから3年目の最初のころには30万6040円となり、これが2%の金利を稼げば31万2160円となります。これをずっと長い間続けるのです。

図表1-10の期間の範囲を越えますが、例えば25歳の人が積立投資を毎月1万円で始めるとします。64歳まで40年間の投資です。投資資金は1万円を40年間(480カ月)ですから合計480万円です。仮に利回りが年2%だとしましょう。そうすると40年後、退職を迎えたときの資金はおよそ730万円になっている計算になります。もし、金利を年4%として計算すると約1160万円となります。もちろん、これは毎年、2%とか、4%という金利が確実にもらえたらという前提ですが、この例からも複利の効果がお分かりいただけるでしょう。

(3) お金を増やす投資ということ

☞ 「株」の語源

ハッピー・マネー®四分法の「ふやす」は投資です。すでにお金がどう

して増えるのかを説明しました。お金が育っていくプロセスは以下のようなものでした。

①今すぐに必要としないお金を、今、お金を必要としている会社に使わせてあげる。
②その会社はいろいろな人からお金を使わせてもらい世の中のためになる仕事を行う。
③みんなに喜ばれる仕事をすることで感謝のしるしのお金が会社に集まる。
④そのお金の一部が将来の自分の元に大きくなって戻ってくる。

　ある会社がリンゴの木を植えてリンゴを売ることを商売にするとしましょう。リンゴ株式会社とします。リンゴ株式会社はあなたが出したお金でリンゴの苗を一本買ったとします。その苗が何年か後に大きくなり、10個のリンゴがなったとします。その売却代金があなたの投資収益です。さらに何年か過ぎて100個のリンゴがなれば非常に大きな収益になります。

さて、リンゴの苗を数えるときの単位は何でしょうか？　そう、「株」です。この例ではあなたは一株のリンゴの木のオーナーになったのです。株式投資の「株」というのはこういうイメージから生まれた言葉です。

しかし、毎年、全部のリンゴを売ってしまったらリンゴの木は増えません。そこで今年のリンゴの収穫のうち売却するのは半分にして、残りは種を植えてリンゴの木を増やすことにします。もらえる売却代金は減りますが、木が増えるので木の成長とともにリンゴの数は今まで以上のスピードで増えることになります。

木の株は土の中の根っこと木の幹の間にある根元の部分のことです。木の上の部分は切られても根元からまた芽が出てきます。そのことからずっと残るものを指すようになり、昔の商工業者の団体を株仲間などと呼ぶようになり、さらに株式会社ができてからは、出資者が保有している株式会社の資産を表すものになったのです。これを考えれば株というものは長期に保有するのが本来の姿であることが分かります。

図表1-12：切株

☞　現代の株式会社の株式とは？

ここで前ページに書いた、お金が育つプロセスの①と④に追加の説明をします。まず、①でお金を使わせてあげるということは会社の財産の一部を自分が保有するということです。ですから、「あなたは確かに会社の資産の一部のオーナーですよ」ということを証明するものが必要です。それが「株式」というものです。もっとも今は、株式はすべてコンピューター上のデータとして存在するだけで株券という紙があるわけではありません。それでも株式を持っている人は株主で、株主は会社のオーナーです。

次に、④の大きくなって戻ってくるという点についてももう少し説明します。会社は毎年利益を上げ、通常はその一部を現金で支払いをします。これを配当金といいます。利益のうち配当金として支払わなかった分は内部留保として会社の中にとどめて置き、今後のビジネス拡大のために使います。こうして企業は成長し、より大規模に世の中のためになる事業をしていきます。木になったリンゴの半分の売上をもらうのが配当金で残りを種としてリンゴの木を増やすのが内部留保ということです。株主は会社の財産の一部を保有しているのですから会社の中の財産が大きくなるほど、株主が保有している財産も増加していきます。

☞ 株式を売るときは？

　投資は自分のお金を自分が選んだ会社に使ってもらうのですから、どの会社に使ってもらうかというのが重要です。自分がオーナーになっている会社が世の中のためになることをして欲しいと思うのが普通です。そのような企業のオーナーになってこそ、みんなに感謝されて、感謝のしるしのお金が集まってきてオーナーとしても富を築くことができるのです。株主は企業のオーナーであり応援団でもあるのです。

　「この会社を応援したい」と思って長く保有したとしても、どこかの時点でその資金が必要になることがあります。そのときには株式を誰かに買ってもらわなければなりません。といって、自分で買い手を見つけるのは難しいでしょう。まさか駅前で毎日、「私の持っているリンゴ株式会社の株式を買ってくれる人はいませんか」と叫び続けるわけにもいきません。仮に「私が買ってもいいよ」という人が出てきたとしても、一体いくらで売ればいいのかも分かりません。

　また、前からリンゴ株式会社に注目している人もいるでしょう。「あの会社はわれわれの生活になくてはならない良いことをしている」と思っていても、自分で売り手を探し出すのも難しいし、一体いくらで買ったらいいのか

も分かりません。

☞ 株式市場と証券取引所

そういう人のために株式の売買が簡単に行える仕組みができました。それが証券会社と証券取引所です。大きな駅の近くには証券会社やその支店があるでしょう。株式を売ったり、買ったりしたい人は証券会社に注文を出せばいいのです。証券会社はそれらの注文をすべて証券取引所に流します。日本中にある証券会社から注文が集まってくるのですから大変な量になります。また、対象となる企業もさまざまです。

証券取引所には、株式の売買を成立させる場所である株式市場が開設されています。株式市場では、注文を企業ごとにまとめて売りたい注文と買いたい注文を成立させていきます。ある会社の株式を買いたいという人がたくさんいたら、その値段は上がっていきます。反対に売りたい人が非常に多ければ、値段が下がります。こうして、株式市場ではたくさんの会社の株式の値

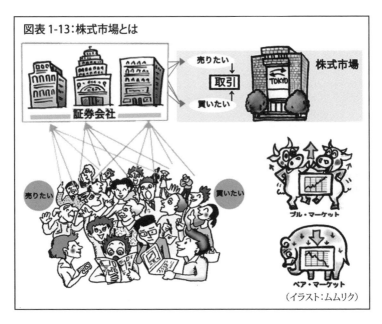

段が上がったり下がったりしています。

☞ 株価、銘柄、TOPIX、日経平均株価

　株式の値段を「株価」といいます。企業の株式を「銘柄」と呼びます。多くの銘柄に買い注文が集まり株価が上昇するときは「株式市場が強い」といいます。英語ではブル・マーケットといいます。一方、多くの銘柄に売り注文が殺到すると「株式市場は弱い」ということになります。英語ではベア・マーケットと呼ばれます。

　株式市場全体の動きを示すのが株価指数です。有名なのは東証株価指数や日経平均株価と呼ばれる指数です。一番ポピュラーな日経平均は日本の代表的企業225社の株価の平均を用いて計算される指標です。東証株価指数はTOPIX（トピックス）とも呼ばれ、東京の証券取引所で取引されている大企業2111社（2018年10月1日現在）の株価に基づいて計算された指数です。

　さて、ちょっとトリビアです。ブル・マーケットとベア・マーケットという呼び方を紹介しました。ブルはオスの牛、ベアは熊です。雄牛は戦うときに角を下から突き上げます。だから株式市場が上昇しているときはそれになぞらえてブル・マーケットというのです。熊は戦うときに立ち上がって腕を上から下に振り下ろして戦います。だから市場が下落しているときをベア・マーケットというのです。

　でも、こうやって投資の本質から学んでみると株価だけが上がりそうとか、下がりそうということで売買をすることが、まるで望遠鏡を逆さまに見ているように感じられるのではないでしょうか。投資とは、あくまで企業を保有することなのです。そして企業の価値が増加するとともに投資した資産の価値も増えていくというものなのです。

☞　どうしても覚えておきたい三つの言葉

　投資というとやたらに難しい言葉が出てくると感じている方も多いと思います。この本ではできる限りそのような言葉を使わないように努力します。でも、この三つの言葉だけはどうしても覚えておいていただきたいのです。

　まず、「リターン」です。これは簡単で収益率のことです。投資の収益には二種類あります。一つは価格、つまり株価や投資信託の基準価格の値段が変化することによる収益率です（投資信託については第2章4-(3)、87ページ参照）。例えば1000円の株価が1年後に1100円になればその収益率は10％ということです。これは価格変動による収益です。こちらはプラスになったり、マイナスになったりします。

　収益の二つ目は、株式の配当金や投資信託の分配金などの収益です。例えば、株価が1割上昇する間に配当金が50円支払われていたら配当の収益率は5％です。こちらは配当金や分配金の利回りと呼ばれます。

　通常、リターンという言葉は価格変動による収益と配当金や分配金の利回りを合計したトータル・リターンを指します。この場合は15％です。

　次の言葉は「リスク」です。リスクはふつう日本語では危険と訳されるので、多くの人がリスクというと値下がりのことかと思うのですが、投資の世界でいうリスクは期待から上にも下にも反れることをいいます。つまり、期待値からの外れ方なのです。通常は中心から3分の2の確率で変動するときの変動幅をリスクとして表します。

　例えば期待リターンが10％の株式のリスクが20％であるという場合には、株価が10％を中心として上下に20％ぶれる確率が66％であることを示します。簡単にいえば3回に2回はマイナス10％からプラス30％の間

に入るということなのです。要するに、リスクは変動の幅でリターンがいくらになるかの分からなさを示す指標だと覚えておいてください。

最後がポートフォリオです。これはさまざまな投資対象をまとめたものという意味です。いろいろな株式や債券、銀行預金、投資信託、それぞれをバラバラに見るのではなく全体で把握したものがポートフォリオです。このコンセプトは資産運用では特に重要です。個別の投資対象でもうかったとか、損したということは二義的な重要性しかありません。大切なことは全体の価値がどう変動しているかということなのです。資産運用で大切なことはポートフォリオの視点なのです。

(4) 寄付で「ゆずる」のは笑顔

☞ 一日一善

子どもたちに次のような話をよくします。「電車で高齢の方に席を譲るってちょっと勇気がいるよね。でも、コンビニで次に入ってくる人のために扉を押さえておいてあげる。これはそれほど勇気はいらないだろう。今日からやってごらん。ドアを押さえておいてあげれば普通、相手は笑顔になる。そうすると君たちも笑顔になれるよ」とね。

一日にたった一つでいいから人に喜ばれることをする。人を笑顔にする。それが一日一善です。誰も見ていないところでもいいのです。道に空き缶が落ちていたら拾って近くのごみ箱に捨てる。この場合は誰も笑顔にならないと思うでしょう。でも、笑顔になる人が一人います。それはあなた自身です。

毎日、たった一つでいいから人を喜ばせることをする、他人のためになることをする。これは小さな善行の積立投資です。「今・自分」という小さな箱に閉じこもっている意識を、善行を続けることで広げていくことができるのです。

寄付という言葉は「寄せる」と「付ける」という二文字でできています。相手に心を寄せてお金を付けてあげるという意味だと思います。本当はお金でなくてもいいのです。自分の労力、時間を少しだけ困っている人、苦しんでいる人や世の中のために譲って良いことをする。寄付は思いやりです。そして「ふやす」もいわゆる金銭の投資でなくてもいい。笑顔を増やす、友達を増やす。みんな、立派な「ふやす」です。

☞　超マネー投資

　お金に価値があるのは、自分に喜びをもたらしてくれるからです。投資をして資産が大きく増え、その増えた資金が喜びをもたらす。その通りです。ここで寄付ということを考えてみてください。困っている人に寄付をする。その人が喜んでくれる。それが自分の喜びになるのです。結局、お金を通さなくても喜びは得ることはできます。

　投資をして投資収益を得る、そのお金でモノを手に入れて喜びを得る。これはマネー投資です。稼いだお金を寄付することで相手に喜んでもらい、自分も喜びを得る。これは同じ投資でも、お金という形の投資収益を得るのではなく直接喜びを得る投資です。私はこれを「超マネー投資」と呼んでいます。つまり、寄付は超マネー投資です。寄付と投資は本来、とても似ているのです。

　それで思い出すのはミュージックセキュリティーズの被災地応援ファンドです。これは2011年3月11日の東北地方太平洋沖地震による被害から立ち上がる事業者を支援するファンドです。

　ファンドに出資をした方は応援したい企業を自分で選びます。資金の半分は寄付、半分は投資となります。寄付金はもちろん戻ってくることはありません。投資分は、事業者との交流会、現地訪問のツアー、リポートの配布に加え収益により分配金が支払われます。

このファンドは被災で苦しむ事業者を寄付で助けると同時に、投資家として事業者の復興に寄り添っていくというメリットがあります。同社のウェブサイト（http://oen.securite.jp/）によると、2018年11月時点で約11億円の資金が調達されたとのことです。

図表1-14は同社のウェブサイトから掲載させていただいたものです。被災された方々の笑顔を見ることができます。この写真は、被災後それほど時間のたたないうちに撮られたものだそうです。どん底での笑顔です。これがお金の力なのです。

この例を見ても、寄付と投資というものが意外に近いものだとお分かりいただけると思います。私はこの被災地応援ファンドの投資部分こそ個別銘柄投資の神髄だろうと思います。つまり、投資であれ、寄付であれ最終的に得られるものは他人(ひと)と自分の笑顔なのです。お金がなければ時間や労力を使えばいいのです。これがボランティア活動です。他人の笑顔は自分の笑顔。寄付のリターンは笑顔です。

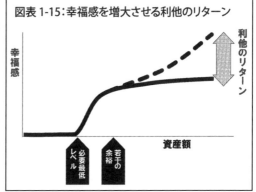

☞　利他のリターン

　図表1-15をご覧ください。人間は保有している資産が、ある水準以上になると幸福感はそれほど増えないといわれます。日本では年収700万円とか、800万円をその水準とすることが多いようです。

　それではその金額を超えて大きな幸福感を得るためにはどうしたらよいのでしょう。それは超過分の一部でも寄付に使うということだと思います。寄付によって困っている人が少しでも笑顔になる。そして自分も笑顔になる。投資の収益をリターンといいます。ですから、これは「利他のリターン」です。

☞　お金と投資で学ぶこと

　お金は感謝のしるしです。自分の欲しいものや必要なものを手に入れて「ありがたい」と思うから大切なお金を支払うのです。ですから、お金を稼ぐには他人に感謝されることをすればいいのです。他人に感謝されたお金がたまるとそれがその人の信用になります。

　最も幸福感を大きくしてくれるお金の使い方がハッピー・マネー®四分法です。これが「ためる」「つかう」「ゆずる」「ふやす」です。「つかう」は今の自分のため、「ためる」は少し先の自分のため、「ゆずる」は困っている人や世の中のため、そして「ふやす」はお金を働きに出すことです。お金を必要とする会社にお金を使ってもらい社会のためになることをしてもらう。そして、世の中から受け取る感謝のしるしのお金が将来の自分のもとに戻ってくる。もう一度図表1-4（29ページ）を見てください。ハッピー・マネー®四分法は意識の時間軸と空間軸を広げてくれます。

　お金は世界をつないでくれます。私たちが生活を営めるのはお互いに助け合っているからです。1枚100円ちょっとの板チョコも世界中の人たちの協力でできているのです。まさにご縁のネットワークです。

一方、投資というのは時間をどのように使うかということです。私たちが持っている最も大切な資産である時間を使う、これはまさにどう生きるかということです。

　ですから、お金と投資のことを深く学ぶほどに私たちは「ご縁のネットワークの中でどのように生きたらよいのか」という気づきを与えてくれるのです。このような視点は大人の方にも気づいていただきたいし、また、大人の方は子どもたちに伝えて欲しいと思うのです。

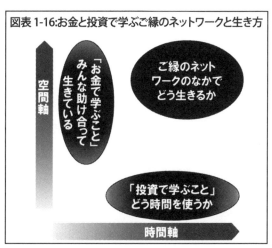

5. お金で注意すること

（1）お金の詐欺に注意

☞　うまい話はない

　世の中にうまい話はありません。ですから、まず、そのような話には最初から耳を貸さないのが一番賢明です。そうしないと皆さんがカモになってしまいます。カモを狙うサギがいっぱいいるのです。

　とにかく以下のような話はまず、おかしいと考えてください。

1. 異常に高いもうけが約束されている商品
2. なぜ、もうかるのか自分に理解できない商品
3. 「あなただけが特別にもうかる」という商品
4. もうかった人がたくさんいるような説明をする商品
5. 政府から高利回りのお墨付きをもらっているような説明をする商品

☞　買わされたのではなく、買っているのだ

よく投資で損をすると「買わされた」という言い方をします。印鑑を盗み出されたり、無理やり強制されて署名したりして買わされたのであれば、それは犯罪です。そのようなケースは別として、正常な取引で投資物件を「買わされる」ことは非常に少ないでしょう。

通常は、あくまで「買っている」のです。よく分からないけど勧められたから買ってみた。これは買わされたのではなく買っているのです。ですから、自分でその商品がどのような仕組みで収益を狙っているのか明確に分からないものは買わないこと。これが鉄則です。

とにかく甘い話には必ず裏がある。それはしっかり肝に銘じておくことが必要です。

（2）誰のアドバイスを聞けばよいのか

☞　ノーフリーランチ（ただメシはない）

投資の初心者の方は、時にいろいろ身近にアドバイスをしてくれる人がいたらいいと思うこともあるでしょう。一方、世の中にはアドバイスをしたくてしょうがない人も多いのです。特に商品を販売する人はあなたにアドバイスをして自社の商品を買ってもらいたいと思うでしょう。基本的にはそのよ

うな人と皆さんの間の利害は相反しているのです。

　投資セミナーなども各地で行われています。特に金融機関が行うセミナーは立派なものです。大きなホテルなどで大勢の人が集まり、有名人を講師に迎え、コーヒーや紅茶、それにケーキも付いたりして、しかも、お土産まであったりします。

　でも、銀行や証券会社が主催するセミナーは慈善事業ではありません。どこかで必ずコストの回収が行われます。一番、分かりやすいのが勧めた商品を買ってもらうことです。投信会社主催のセミナーであっても、やはり本音は自分の会社の商品を買って欲しいのです。当然、自社の投資信託はいいと思っているから買ってもらいたいと思うのです。

　それであれば自社の投資信託の販売を目的とした説明会とするべきでしょう。しかし、「世界経済の今後の見通し」のような大きなテーマでセミナーを行うことで顧客に情報を伝え、その結果、関係を強化して自社商品を買ってもらおうというケースも少なくないのです。

　多くの場合、彼らは皆さんをだまそうと思ってやっているわけではありません。しかし、やはりまず自社の利益を優先するのは当然です。第一、彼らは皆さんの投資目的など知らないのです。ですからほとんどの場合、不要な商品を勧めてくるのです。とにかく、金融機関が開催する無料のセミナーに参加するときはこの点に留意すべきです。米国でもノーフリーランチといいます。つまり、ただメシはないのです。

　証券会社や銀行の営業マンを投資の専門家だと誤解する人が非常に多いようです。中には証券会社に誰かが勤めていると知ると「おい、もうかる銘柄、知ってるんだろ。教えてくれよ」などとすり寄ってくる人もいます。証券会社でも銀行でも、営業マンはもうかる銘柄など知りません。いや、営業マンだけではなくどんな役職でも値上がりする株など分かるものではないの

です。もし、分かるなら、証券会社や銀行に勤めないで自分が投資家になっているはずです。

☞ 魚屋さんとおすし屋さんの違い

証券会社や銀行などの販売を行う会社と、投資信託会社や投資顧問会社などの運用を行う会社とは業務が違います。例えていえば販売会社は魚屋さんです。魚を売るのが商売です。魚を売ることでもうけています。運用会社はいわばおすし屋さんです。良い魚を仕入れてきておいしいすしとして提供することが仕事であり、収益源です。

おすし屋さんでもピンからキリまであるように、運用会社にもいろいろあります。銀座の超高級すし屋から回転ずしのお店まで千差万別です。要は自分にとって一番良いところはどこかをしっかり選別することです。

誰のアドバイスであれ、投資の結果はあなた自身の問題として発生するのです。他人に責任をなすりつけても、困るのはあなたです。その点を忘れず自分の将来を自分でコントロールすることが大切です。

日本では、一般的にサービスは無料という考えが強いです。例えば「これ、サービスしといてよ」と言えば「ただでちょうだい」という意味です。「これ、サービスしときますよ」と言えば「ただであげますよ」という意味です。しかし、これは間違いです。サービスは無料ではありません。良い情報を得ようとするなら、それに対する正当な対価は支払わなければなりません。

☞ アドバイザーを選ぶなら

基本的には、私がお勧めする人生を通じての資産運用にアドバイザーはいりません。しかし、将来もし、アドバイザーの助言を得るなら必ず顧問料を支払うべきです。ただほど高いものはないのです。これは無料セミナーと有

料セミナーの関係と似ています。

　どんな金融機関からもからも独立した有料アドバイザーの場合、本当にお客さまのためになるサービスを提供していなければ彼らの話を聞く人はいなくなってしまうでしょう。販売会社と違い、どのような金融商品も販売していない彼らは他に収入を得る道がないのです。その分、必死で良い情報提供とサービスを心掛けるのです。

　海外では、一般的に独立した有料のアドバイザーに資産運用の助言を受けています。日本でもこれから質の高いアドバイザーが出現して欲しいものです。アドバイザーを選択するとき、以下の点を確認することをお勧めします。

☞　アドバイザー選択で聞くべき五つの質問

1. あなたはどんな研修を受け、どんな仕事をしてきましたか？
2. あなたの投資哲学と実績はどのようなものですか？
3. あなたの持っている資格を証明する書類のコピーをください
4. あなたは金融商品の販売に従事していますか？
5. サービスの対価はいくらですか？

　人生を通じての資産運用について学ぶためには、それほど多くの情報は不要です。ですから、通常はアドバイザーも不要です。まあ、この本を買っていただいた方が、方法を学ぶのもサービスに対する対価だともいえるでしょう。

　もし、アドバイザーとの間で問題が発生したり、何か不自然なことを感じたりしたら、恐れずにまず、当人と話すことです。それでも腑に落ちなければアドバイザーの上司と話すことも必要になります。そして、さらに納得できなければ消費生活センター（消費者ホットライン188）などに相談するようにしましょう。

（3）本当に怖いのは借金

☞　借金は投資よりもはるかに怖い

　投資は怖いと思っている方も多いでしょう。そんな方が意外にも気軽に借金をしているケースがあります。実は、投資は正しく行えばそんなに怖いものではありません。安易な借金は、間違いなく怖いものです。

　借金は、せっかく自分が稼いだ給料を減らす要因です。なぜなら、前倒しで欲しいものを買い、後で支払いをすることになるからです。給料が銀行に振り込まれる、そうするとその残高から借金返済のための資金が引き落とされることになるからです。

　借金にもいろいろあります。住宅ローンのように大きな金額で、非常に長期間にわたって返済するものもあります。またクレジットカードのカードローン、リボ払いだって借金です。さらには消費者金融、ヤミ金などからの借り入れもあります。

　どのような形態であれ、借金は金利と元本を返さなければならないという点では同じです。その分、返済が完了するまで自分が使えるお金は減ってしまうのです。収入の一部を元本と金利として、あなたが使う前に先取りされてしまうのです。借金をすると、将来の給料を減らされるのです。そう考えると、借金をすることは面白くないことが分かるでしょう。

　貸金業の金利については利息制限法があり、これにより上限金利は現在20％と決められています。これは借入枠が10万円未満の場合で、後は金額が増えるほど上限金利は下がり、100万円を超える場合は15％となっています。現実には18％程度が一番多いようです。

もし、この法律で定められている以上の金利を要求する業者がいたら、いわゆるヤミ金の可能性もありますので注意が必要です。世間では「ゼロ金利」の時代だといわれていますが、実は大変に高い金利も存在するのです。

☞ 恐怖の借金の雪だるま

恐ろしいのは、借金の金利の支払いと元本の返済を支払うためにさらに借金が必要になるケースです。こうなってくると借金は雪だるまのようにどんどん増えていきます。これは資産運用とまったく逆のケースです。これが続けば、最終的には金融的破滅に至ることになるでしょう。

生活費＋借金の返済と利払い＞収入⇒さらに借金をする
⇒借金は雪だるまのように大きくなる

借金の雪だるまをシンプルな例で見てみましょう。例えば収入が100で支出が110だとします。当然、10不足するので、この分を借金します。仮に1年間のローンで金利が20％だとします。

そうすると2年目にはどうなるでしょう。収入も支出も変わらないとすると、また生活費で10不足します。さらに、前年に借りた10を返済しなければなりません。しかも、金利が2付きます。つまり、2年目には合計22の資金が不足します。また、これを借金します。

3年目にはまた、生活費で10不足するのに加えて借金の元本22と金利支払いのための4.4を借り入れることになります。そうすると3年目の借金はトータル36.4になります。

4年目は生活費の10、借金の元本36．1と金利の7.28が不足するので借金は53.38になってしまいます。

これでお分かりだと思います。これが借金の雪だるま形成のメカニズムです。くれぐれも注意が必要なことは、この単純な例からもお分かりになると思います。

（4）ばくちでもうかるのは胴元だけ

☞　必ずもうかるのは胴元だけ

　誰しも大金を簡単に手に入れたいと思います。それで、ばくちに手を出す人がいます。しかし、そうは問屋が卸しません。ばくちの仕組みは簡単です。多くの人から資金を集め、そこから胴元が寺銭を差し引き、残りを参加者で分けるというものです。

　例えば、宝くじにしても同様です。発売された全部の宝くじを一人で買い占めると、必ずすべての当たり券が入っています。それでいくらもうかると思いますか？　出したお金の半分ぐらいしか戻ってきません。残りは財団法人日本宝くじ協会が社会貢献に使っているからです。私は外れる確率の高い宝くじを買うよりは、その代金を全額自分の思いを込めた寄付にしたいと考えます。

　まあ、少しだけ買って「当たった」「外れた」を楽しむのは構わないのですが、この構造的な現実だけは忘れないでください。ちなみに筆者は一切、賭けごとはしません。宝くじも競馬もカジノも嫌いなのです。株式も投機は好きではありません。ヘタなのです。

　次に主なギャンブルと胴元のもうけを『カイジ「命より重い！」お金の話』（サンマーク出版）から紹介しておきましょう。

図表1-17：ギャンブルの胴元のもうけ

ギャンブル	胴元のもうけ
競馬	約25%
競輪	約25%
競艇	約25%
宝くじ	50～60%

ギャンブル	胴元のもうけ
ルーレット	約5%
ブラックジャック	4～-2%
スロットマシーン	3～8%
パチンコ	3～8%

(5) 狙われる個人情報という財産

☞ インターネットに潜む危険

　インターネット化がわれわれの生活の中に浸透してきています。銀行口座、証券口座、インターネットでの買い物、いろいろなところでインターネットが利用されています。キャッシュレス化も更に進むでしょう。最近では仮想通貨まで出現しています。

　それに伴い、皆さんが個人情報をインターネットに入力する機会も増えています。これはある程度仕方ないことなのですが、一方で皆さんの個人情報がそれを悪用する人にとっては非常に価値のあるものなのです。もちろん、犯罪行為ですが不法に得た個人情報がさまざまな手段で悪用され、それが不法利益を生むことも多いのです。

　皆さんの個人情報を悪用する人にとって価値があるということは、皆さんに被害が及ぶ可能性が高いということです。個人情報を入力するときは、本当に大丈夫かを十分に意識してからにしてください。

　インターネット化が進むことは避けられません。自動車が普及したことで交通事故が増えたのと同じです。だからこそインターネットに潜む危険をいつも意識しつつ、インターネット社会に順応することが大切なのです。

第2章 働きの時代〜将来のための資産運用をする

1. 今の自分が将来の自分を支える

(1) 誤解される「トーシ」という言葉

☞ 投機、投資、資産運用

　人生を通じての資産運用は驚くほど簡単です。では、なぜ投資は難しいと思われているのでしょうか。どうして「投資で損した」「投資信託でひどい目にあった」などという話を多く聞くのでしょう。答えは簡単です。みんな、できるだけ早く、できるだけたくさんもうけようとするからです。ゆっくり、少しずつ資産を増やしていくのはとても簡単なことなのですが……。

　投資のイメージが悪いのは、多くの人が「投資」と「投機」を混同しているからです。「投機」は偶然性に賭けるだけのものです。さいころの目を当てる、コインの裏表を当てるなどがあります。結果に法則性はなく、また結果をコントロールすることもできません。

　「投資」は文字通り資金を投げることです。どこに投げるかというと、現在から将来にわたる経済活動に投げ入れるのです。経済活動は人間が行っているものです。ですから完全に法則性があるわけではありません。しかし、まったくの偶然性に賭けているわけでもありません。投資には、ある程度の

法則性があり、ある程度結果をコントロールすることもできるのです。

　投資にも2種類あります。短期投資と長期投資です。短期投資は、株式投資でいえば株価を対象にして、売買でもうけようというものです。長期投資は、資金を投じる対象が企業です。そして、売買するのではなく、保有することで企業が成長するとともに資産を増やそうというものです。

　株価というのは人間の心理で大きく変動します。ですから株価を対象にする短期投資は当たれば大きいかもしれませんが、失敗するとひどい目にあう可能性もあります。

　企業の価値は少しずつ時間をかけて増加するものです。ですから時間をかけてじっと自分の資産の価値が増えていくのを待つ、それが長期投資です。つまり、短期的な株価を対象にするのが投機や短期投資、長期的な経済活動に資金を投げるのが投資です。

　ところで、資産運用という言葉もあります。専門家といわれる人でも投資と資産運用を同じ意味で使っている人がいますが、私はこれらを明確に分けるべきだと思っています。

　例えば、株価が100円の株式を1000株買えば10万円の投資になります。これを10年保有したら10倍の1000円になったとしましょう。売却すれば100万円です。これは長期投資としては大成功です。しかし、それで退職後の生活が安泰かといえば疑問です。もしかしたら別の株式売買で大きなロスを出しているかもしれません。資産運用で重要なのはある銘柄がもうかったとか、損したということではなく、資産全体の価値がどうなっているかです。あくまで資産全体が自分の将来を支えるという目的に向かって成長しているかどうかという点が重要なのです。

　資産全体を対象として人生を通じて資産を管理していくのが資産運用で

す。ですから英語では資産運用をアセット（資産）マネジメント（管理）といいます。資産運用では個別の投資対象の損得は二義的な意味しかありません。

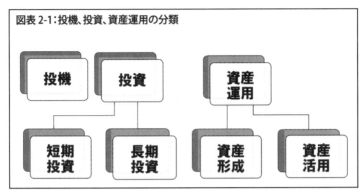

図表2-1：投機、投資、資産運用の分類

　資産運用にも資産形成と資産活用があります。資産形成というのは就業中の人が給料の一部を退職後のために運用していくことを意味します。資産活用は恒常的に収入より支出の方が大きくなった人が、できるだけ対空飛行時間が延びるように資金の管理をしていくことです。

☞ なぜ「トーシ」は投機と思われているのか

　日本では「トーシ」という言葉が投機か、短期投資だけを意味することが多いようです。なぜでしょうか。80年代ぐらいまでは日本経済もそれなりに成長していました。人口も増加していました。社会保障制度もしっかりしており、年功序列、終身雇用の制度などもありました。

　ですから、自分の将来を今の自分が支えるという発想はあまりなくてもよかったのです。人生を通じて資産を運用したり、本当に好きな企業の長期的な株主になって応援したりするというような発想があまりなかったのです。ですから、トーシといえば投機か、短期投資でお小遣い稼ぎを狙うことだというイメージが定着してしまったのでしょう。今、生活者が本当に必要とするのは「人生を通じての資産運用」であることを確認しておき

たいと思います。

(2) なぜ、お金を増やす必要があるのか

☞ 年金だけでは退職後の生活はできない

老後の不安の大きな原因は、果たして年金は大丈夫かということでしょう。年金制度そのものは大丈夫だと思いますが、年金だけで退職後の生活が支えられるかといえばそれは無理でしょう。つまり、制度自体は大丈夫だけれど、それだけで生活が賄えるわけではないということです。

ピラミッドに例えれば、昔は退職後の生活の経済的基盤となる底辺は公的年金、その上に人によっては企業年金、そして一番上に自己資金があったのです。しかし、これは経済がまだ今ほど成熟せず成長余力があった時代の話。さらに、人口もそれなりに増加し、少子高齢化もあまり進んでいなかったから可能だったのです。しかも、雇用環境も終身雇用制度や年功序列制度が盤石でした。

現在はその順番が逆さになり底辺が自己資金、その上に企業年金などがありトップが公的年金という格好になったのです。しかも、後で詳しく述べますが、年金制度も受給者自身が運用の主導権を取らねばならない確定拠出型年金が主流になりつつあります。

その意味で「私は資産運用などできない」とか「興味がない」などと言っていられない時代なのです。でも、安心してください。人生を通じての資産運用は、銀行に積立預金をするのと同じぐらい簡単なのです。

年金制度ができたころは現在のように長寿化も少子化も進んでいませんでした。もともと現在の状態とは異なった環境で作られた制度なのです。です

から、これからも年金はもらえるだろうとは思いますが、受給の開始は遅れ、その金額はお小遣い程度と考えておくのが現実的でしょう。

☞ 現在の給料は今の生活費と老後の生活費の両方の分

「今もらっている給料は、今の生活費と老後の生活費の両方の分である」ということをしっかり認識すると、何をすべきかがはっきり分かってきます。しかし、多くの方が今月もらった給料を今の生活費のためだけに使っているのが実態でしょう。

では、毎月の月給のうち、どれぐらいを退職後のために回せるでしょうか。例えば月収が30万円の人が現在の生活に15万円使い、退職後のために15万円をとっておくとしたら、現在の生活はかなり苦しいものになるでしょう。もちろん、超高給取りだったら収入の半分を将来のためにとっておいて、残りで悠々と暮らすこともできるでしょう。しかし、そのような人はもともと資産運用をしなくてもいいのです。資産が十分にない人ほど資産運用が必要なのです。

相当の高給取りでない限り、とても給料の半分を将来のためにとっておくことはできません。だから「ためる」だけでは苦しいのです。老後の資金を「ふやす」ことが必要なのです。その答えが資産運用なのです。もし、今の収入の3分の1を年利2％程度で30歳から65歳まで36年間運用すると、第1章で紹介した「72の法則」で資産はおよそ倍になります。そうすれば退職後も現役時代と同じ金額で生活を維持することができます。金融資産全体を長い時間をかけてできるだけ安全に少しずつ増やしていく、これが人生を通じての資産運用です。

(3) 生活とお金

☞ 長寿化でより長く働き、より多くの資金を準備する

「使ったお金は戻らない。だからよく考えて使わなければいけない」これはゴールデン・ルールです。もうひとつ、キモに銘じておくべきことは「今月もらった給料を全部使ってしまうと退職後の資金がその分なくなる」ということです。

平均余命というデータがあります。これはある年齢の人が、その後、平均的にあと何年生きるかを示すものです。国民皆保険制度（任意加入）ができたのが 1961 年ですが、この年の 60 歳の人の平均余命は男性が 15.17 年、女性が 17.90 年でした。当時、60 歳の人は平均すると男性が 75 歳、女性が 78 歳まで生きたということです。現在は平均余命が 22.84 歳と 28.37 歳です。これは、今日、60 歳の人は平均的に男性が 83 歳、女性が 88 歳まで生きるということです。つまり、1961 年と比べると現在男性は 8 年、女性は 10 年、60 歳以降の期間が伸びているのです。

さらにこの制度が強制加入になった 1986 年の平均余命は男性が 19.70 歳、女性が 23.62 歳になっています。1986 年と比べても男性は 3 年、女性は 5 年、60 歳以上の人生が長くなっています。

長寿化はわれわれみんなにとってとてもありがたいことです。しかし、それは同時により長く働き、より多くの資金を準備しなければならないということになります。そして退職後の自己資金の原資は今の収入なのです。言い換えれば今、不必要なものを買えば、その分将来の自己資金が減ってしまうことになります。使ったお金は戻らないのです。

☞ イマジン

　ジョン・レノンの「イマジン」という名曲があります。その2番は「想像してごらん、国なんてないんだと」という歌詞で始まっています。以下は私の替え歌です。

　　♪想像してごらん
　　国なんてないんだと
　　そんなに難しくないだろう？
　　公的年金も国民健保もない
　　そして税金もない
　　さあ想像してごらん みんなが
　　自立して生きているって……♪

　税金がないのはありがたいですが、その代わり、完全に自立して将来の自分は100パーセント、今の自分が支える社会です。もちろん、百年後はいざ知らず、これからそういう社会がすぐに来ることはないでしょう。でも、お国や企業がわれわれの老後のすべての面倒を見てくれる時代が終わっていることも事実です。現実は少しだけこのような世界に近づいているのです。それをイマジンして行動することが必要です。

2. すでに資産運用は始まっている

（1）預金から投資へ

　☞　まずは銀行に1カ月分の給料相当額をためる

　資産運用を始めるなどというと、何か非常に難しいイメージがあるかもし

れませんが、実はある意味、ほとんどの方がすでに資産運用をしているのです。多くの方は毎月の給料が銀行に振り込まれ、その一部を引き出し生活費に充てているでしょう。資産がないとして収入以上の支出があれば当然、赤字ですから何らかの形での借金が発生するということになります。

　　収入＜支出（収入より支出の方が大きい）なら
　　収入 － 支出 ＝ 赤字 ⇒ 借金

　収入以上にお金を使っていれば不足分は借金となります。借金の怖さについては第1章で述べた通りです。一般的には収入から支出を差し引いて残った部分が貯蓄ということになります。

　　収入＞支出（収入の方が支出より大きい）なら
　　収入 － 支出 ＝ 貯蓄 ⇒ 銀行預金

　この場合は余ったお金が貯蓄に回ることになります。余ったお金を銀行預金に入れる。これも一つの資産運用の形態です。ただし、これでは支出が少なかったときには貯蓄はできるけれども、何かの理由で支出が増えると貯蓄が減ったり、できなかったりすることになります。過去において貯蓄してきた資金が取り崩されることもあるでしょう。

　そこで以下のような方式が望ましいのです。

　　収入 － 貯蓄 ＝ 支出

　給料が振り込まれたら、事前に決めた貯蓄額を別の口座に移すのです。残りは生活費です。そして、生活にかかる費用は生活費用の銀行口座から支出します。家賃や電力料金などの自動引き落としなどは生活費用の銀行口座を使います。

生活費ではない貯蓄用口座は何か緊急事態が発生したときのための資金です。これを「イザトキ」資金と名付けておきましょう。イザトキ資金は給料振込口座から定額自動送金サービスなど、自動的に資金が移動されるようにしておくとよいと思います。

　イザトキ資金を過大に持つのは、逆に将来、禍根を残すことになります。私は、イザトキ資金は1カ月分の給料に相当する金額があれば十分だと考えています。早く1カ月分をためて投資を始めるべきです。

　1年分の給料に相当する預金は持ちたいという意見もあります。でも、考えてください。月収30万円の人が毎月3万円ずつ預金をするとして、1年分の給料の360万円をためるには10年かかります。その間、個人投資家が持っている最も強力な資産運用の武器である時間を失ってしまうのです。これは資産形成期を25歳から65歳までの40年として、その4分の1を失ってしまうことになります。

　一番大切な心得は、一生懸命に自分の仕事に励むことです。サラリーマンなら良い仕事をして高い評価を得ることです。それが収入増につながるでしょう。同時に、毎月、できるかぎり節約して預金をします。そして、その残高が1カ月分の給与額に達したら、後は毎月の預金をやめてその分を投資に回します。つまり、以下の方程式のように銀行に預金していた金額を投資に回せばいいのです。

　　　収入 − 投資 ＝ 支出

(2) 日本人は貯蓄好き

　☞　日本の資産の実態は

多くの方が預金をしっかり持っていればそれで安心と思っています。日本人は預金が好きとはよく言われることです。日本銀行が発表している資金循環の日米欧比較（2018年8月）を見てみましょう。

日本の家計部門の金融資産を見ると資産額は1829兆円あります。この巨額の資金がどう振り分けられているかというと、現金・預金が52.5％、保険・年金・定型保証が28.5％でこれらを合計すると実に81.0％が比較的安全な資産になっています。一方、株式等が10.9％、投資信託が4.0％ですから、これらの合計は14.9％にすぎません。

米国を見ると現金・預金が13.1％、保険・年金・定型保証が30.2％で合計が43.3％です。株式は実に36.2％、投資信託が11.8％でこちらの合計は48.0％です。ずいぶん、日本と違うでしょう。

ユーロエリア（欧州）はちょうど日本と米国の中間ぐらいです。現金・預金が33.0％、保険・年金・定型保証が33.4％で合計66.4％、株式等が19.2％、投資信託が9.6％で合計は28.8％です。この統計を見ても日本の一般的な家庭は現金や預金が非常に好きであることが分かると思います。

（3）貯蓄偏重のツケは退職後に回ってくる

☞　もし、緊急に多額の資金が必要になったら

自分の退職後を考えるためには預金偏重は好ましくありません。預金は通常の生活費と、急にどうしてもお金が必要になる場合のための資金で十分なのです。そこで緊急用資金が準備できたら、その後はその資金を投資に向ければよいのです。

万一、どうしても1カ月分以上の現金が必要になったらどうするのか、

と心配される方もいるでしょう。決してそれは望ましいことではないのですが、積み立てている投資信託の一部を解約して不足分に充当すればいいのです。あるかどうかわからないイザトキのために投資の開始が遅れてしまうマイナスの方がずっと大きいのです。もちろん、何事もなければそのまま積立投資を続ければいいのです。

イザトキ資金がどのぐらいが必要かは個人の事情によって異なるので、1カ月というのは一般的なメドです。でも、考えてみてください。これまでの人生で緊急に資金がだったことがどのぐらいあったでしょうか。その金額はいくらぐらいだったでしょうか。意外に少ないので驚くかもしれません。

イザトキ資金が預金口座にたまってきたら、いよいよ「ふやす」ことを目的とした運用が始まります。それでは「ふやす」ためにはどのように投資をすべきか、それを述べる前に資産形成の目的について解説します。

3.「かんたんすぎる」資産運用

(1) 退職後の最大リスクは

☞ 生活の質に注目

退職後の一番大きなリスクは何でしょうか。それは「生活の質」の大幅な低下ではないかと思います。就業中の生活よりはお金がかからないかもしれません。また、お金があれば幸せになれるというわけでもありませんが「食うものも食わず」という生活は寂しいものです。

あり余るほどのお金ではないにしろ、ある程度の資産があれば生活の自由度ははるかに高まります。そしてお金があれば良いことのためにお金を使う

ことが可能です。お金の支えがあれば生活の質を就業中の水準に維持したり、向上したりすることだって可能なのです。退職後のために、ある程度の資産を残すにはどうしたらいいのか。再度、強調します。今もらっている給料は、今の生活のためであると同時に退職後の生活のためでもあるのです。

　仮に、30歳から資産形成を始め65歳まで続ければ36年間の資産形成となります。人生100年時代を想定すると、66歳から101歳までがちょうど36年です。つまり、人生100年時代の今日、働いている期間と定年後の期間は等しいのです。

☞　購買力の維持

　議論を単純化するために就業中の年間実質給料を一定金額の100としましょう。30歳から65歳まで36年間、資産形成をすると30歳に投資した資金は66歳で使うことになります。31歳の資金は67歳、32歳の資金は68歳、これを続けていくと就業時代の最後となる65歳のときの資金は101歳で使うことになります。

　運用期間はどの年齢から始めても36年です。収入は物価上昇並に増加するとします。当初の収入のうち70を今の生活のために使い、30を退職後のための資金として運用するとします。退職後のための資金はずっと30のまますえ置くと仮定しましょう。将来のための資金を36年間で、どのように増やすかがいかに重要か認識できます。

　将来のための30を大切に引き出しに入れて取っておいたとします。66歳のときにその資金を引き出しから取り出せば資金は30のままです。この36年間のうちにインフレが年平均2％だったとします。2％が36年続くと第1章で解説した「72の法則」で物価は倍になります。

　そうすると30歳で取っておいた30の資金の実質価値は半分、15になっ

てしまいます。つまり、物価が倍になっているのでお金のモノを買う力、購買力が半減するのです。現金は30あっても、現実にそのお金で買えるモノは現在のお金で15の分しか買えないのです。70で生活していたものが15になるというのは生活水準の相当のダウンです。

もし、運用利回りが年2％で資産運用できれば、資産はこれも「72の法則」で30の倍、60ということになります。しかし、この間、物価も倍になっているので実質価値は現在の価格で30です。この場合だと70で生活していたのが実質30に低下します。これもかなりの下落です。

☞　＋アルファが必要

それでは運用利回りを4％にしたらどうでしょう。資産は2％利回りのときの倍、4倍の120になります。これは物価の上昇を調整すれば60です。4％運用の場合は物価が36年で倍になったとしても、運用資金に若干の年金やアルバイトなどでの収入などを加えれば何とか終業時代中の生活を実質ベースで維持することができます。

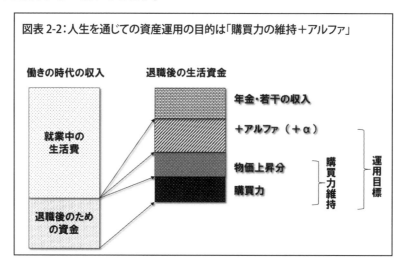

図表2-2：人生を通じての資産運用の目的は「購買力の維持＋アルファ」

第2章　働きの時代〜将来のための資産運用をする　73

このことから退職後のための資産運用の目的がはっきりしてきます。それは「購買力の維持＋アルファ」程度の収益率を上げる運用をするということになります。

(2) 75文字の投資戦略

☞　え、こんなに簡単でいいんですか？

　目的が明確になったら、後はその目的を達成するための行動を取るだけです。では、どうしたらいいのか。それは驚くほど簡単です。

> 　全世界の株式インデックス・ファンドをできるだけ若いうちから、毎月、定期的に一定額を積立投資する、そして、それをリタイアするまで絶対にやめないで続ける。

　以上、75文字。それだけです。株式インデックス・ファンドという言葉はちょっと耳慣れない言葉かもしれませんがこれから解説しますのでご心配なく。

☞　銀行に預金する感覚で投資を

　ほとんどの方は銀行口座を持っていると思います。長期的に見ると銀行預金の利率はほぼ物価の上昇率並みです。ですから銀行に預金としてお金を入れておいても、物価上昇を加味すれば実質的にはほとんど増えません。ですから、前述のように銀行預金に入れておくのは緊急時用の資金ぐらいでいいのです。

　毎月の給料の一部を銀行預金に入れて、その残高が1カ月分の給料の額に到達したら、預金はやめてグローバル株式インデックス・ファンドの積み

立てに移せばいいのです。

　資産運用の長旅を歩み始める第一歩としての手順をまとめておくと次のようになります。

①銀行預金口座に残高が給料の1カ月分になるまで毎月資金を銀行で積立預金をする
②全世界の株式を買うための投資信託を選ぶ
③①で預金に積み立てていた資金で②で選択した投資信託を自動引き落としで積立投資をする手続きをする

　これだけです。あとは自動的に積立投資が継続されます。

☞　いくらずつ積み立てたらいいのか？

　「毎月、いくらずつ貯めたらいいのですか」これはよくある質問です。毎月1万円か、2万円か、はたまた3万円かといってみてもそれができるかどうかは個人によります。とにかく、「できるだけ」としか言いようがありません。仕事に精を出して懸命に働く。そして、できる限り節約をして最大限の資金を投資に回す。まずは無理のない金額でいいのです。始めないことには何も起こりません。金額を増やす努力をすればいいのです。

　就業中にどれだけお金を増やす努力をしたかという答えが、退職を迎えたときに手元にある資産の額です。これはまさに自己責任です。

　全世界の株式インデックス・ファンドを毎月、積立投資する。このように書くと「そんなに簡単なの？」と思うかもしれません。そうなんです、簡単すぎるぐらい簡単です。とは言うものの、いくつか疑問が出ることでしょう。私がこのようなお話をしたときに出てくる質問は、大きく分けて六つのポイントになるのではないかと思います。

4. 六つの疑問に答える

(1) なぜ長期投資なのか

☞ 時間は最強の武器

　株価は日々、大きな変動をしています。ですから、それを長期に保有したらもっと大きな危険にお金をさらすことになるのではないか、そう思う方もいるかもしれません。どうして、退職後のための大切な資金をそんな危ないものに長い間、投資をするのか。

　株価の変動が怖いというのはもっともなことです。でも、本当に危ないのは投機、または短期投資の世界の話です。私がお勧めしているのは人生を通じての資産形成です。

　まさに、個人投資家が持っている最大の武器は「時間」です。これは複利の効果などで、すでに述べた通りです。この強みを最大限生かすためには「できるだけ早く、できるだけたくさん」ではなく「ゆっくり、少しずつ」もうけるのがいいのです。

　「長期」って何年ですかという質問をよく受けます。これは何年以上が長期で何年以下は短期というように分けられるものではありません。若い人が退職するまで、そして、退職してから保有する資産を使い切るまでが長期です。

　結局、短期の値幅取りを目的として行う投資ではなく、じっくりと人生を通じて行うのが長期投資です。投資先の企業が成長していくのにつれてポートフォリオの価値も増えていくのです。

お客の資産を運用するプロはどうしても短期のパフォーマンスを気にします。プロの世界の競争は、それは厳しいものがあります。他社よりも成績が悪いと解約され、他社にビジネスを奪われてしまうかもしれません。評価の基準は多くの場合、市場平均との比較になります。「私のパフォーマンスは10％でした」といっても市場全体が12％上昇しているときに10％の成績だとマイナスの評価になってしまうのです。

　投資信託にしても似たような商品を各社が出しているので、投資家はつい目先のパフォーマンスの良いところに行ってしまいます。そして、その評価のサイクルが普通は3カ月程度ということが多いのです。どうしてもみんな、最近のパフォーマンスに注目してしまうのです。

　どんなに長期的に見てよいと思う運用をしていても、評価はそんなに長く待ってくれません。その結果、どうしてもプロの運用は短期投資に陥りがちになるのです。そして、どうしても他社に負けないようにマーケットの動きを追いかける結果になってしまうのです。

　しかし、個人投資家はそのようなことは全然、気にする必要はありません。自分さえ納得していれば他社との競争も、マーケットとの競争もなく、のんびりと、気楽に長期の投資をしていればいいのです。これはプロの投資家がうらやましがる大変な強みです。

☞　長期トレンドを見る

　まず、次のチャートをご覧ください。これは米国の大企業の株価で算出されたS&P500指数の1900年以降の年間変動率です。本当は全世界の株価指数を見たいのですが、残念ながらこのように古くからの一貫性のあるデータがありません。そこで20世紀以降、世界経済のリーダー的役割を果たしてきた米国株を代わりに使ったものです。上にも下にも時々長い棒が出ています。0.0％より上の棒は上昇率、下の棒は下落率です。時に3割、4割値

上がりしたり値下がりしたりしていることが分かります。つまり、1年間という単位で見るとこのように株価は乱高下しているということです。ちなみにこれらの平均値は7.1％です。

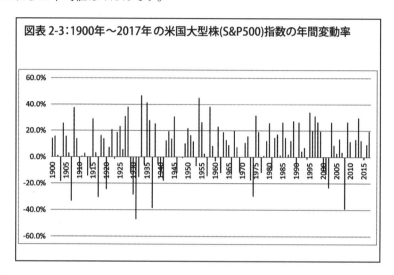

次ページに掲げるチャートは同じ時期の同じ指数の推移を対数グラフで表したものです。こちらを見ていると変動は繰り返しつつも株価は基本的には上昇していることが分かります。ちなみに1900年末のこの指数は6.87でした。これが2017年には2673.60へと約319倍になっています。これに毎期ごとの配当金が加わるので、トータルのリターンはもっと高いことになります。

☞ **価値は時間をかけて増える**

なぜ、株価は長い時間とともにこのように上昇していくのでしょうか。それは株式の価値が増えるからです。企業の成長は長い時間をかけて実現するものです。ですから、投資した資産価値も長期で保有しないと増加する可能性がないのです。これは重要なことなので次に詳しくお話します。

もう一つは、先ほど解説した複利の効果を得ることができるということで

す。複利による資産の増加は時間とともに尻上がりに増えていきます。一度に大量の資金を投資することはできなくても、毎月少しずつでも積立投資をすると何十年かの長期では大きな残高になります。

ちなみに、毎月1万円ずつ30歳から65歳まで36年間、積立投資をしたとします。この場合、投資総額は432万円です。仮にその期間、毎年3.5％のリターンを得ることができたとすると66歳の初めには約850万円になります。投資総額と比較すると約2倍です。

一方、もし、20歳から65歳まで46年間、同じリターンで投資をしていたらどうでしょう。この場合は投資資金552万円に対し時価は約1350万円になっています。投資する期間を10年間伸ばすことで、投資総額と比較すると2.4倍までなります。この例からも早く始めて長く続けることの有利性がお分かりいただけると思います。

(2) なぜ株式に投資をするのか

☞ 株式とは何かを知ろう

　次の疑問はなぜ、株式に投資をするのかという点です。株式も債券も有価証券といわれます。価値があるから有価証券なのです。債券の場合は、事前に約束した資金を払ってもらえるという価値です。株式は配当金を受け取ることができ、株主が会社の株主資本を保有することができます。

　しかも、これからお話するように株式の価値は増加していくのです。なぜ、株式の価値が増加するのか。それを理解するためには株式会社の仕組みを考えてみる必要があります。

　企業がビジネスをするためには資産が必要です。資産を持つにはお金が必要です。そのお金は２種類しかありません。銀行のローンや債券を発行して借りてきたお金と、株主に出資してもらったお金です。

　借りてきたお金は定期的に金利を支払い、期限が来たら元本を返済しなければなりません。株主が出資したお金は会社の株主資本となり、返済されることはありません。その代わり、株主は毎年の利益の一部をずっと配当金として受け取ることができます。配当金を支払った残りの利益は株主資本として会社の中に残し、次年度以降の事業に使われます。株主は株主資本を保有しています。ですから、株主は会社のオーナーです。株主が会社の資産の一部を保有していることを示すものが株式です。

☞ 株式は増価証券

　企業は借りてきたお金と株主に出資してもらったお金で資産を保有してビジネスを行います。商品やサービスを売った合計金額が売り上げです。そこ

からすべての経費、税金、役員の報酬などを差し引いた残りが、株主が受け取る利益です。

　株主はその一部を配当金として受け取り、残りは会社の中に内部留保として株主資本に加えられます。その結果、内部留保により株主資本は増加します。株主資本が生み出す利益率を株主資本利益率とか英語のリターン・オン・エクイティを略して ROE といったりします。よく出てくる言葉なので覚えておくと便利です。株式というのは株主が持っている企業の資産の所有権を表すものですから、株主の保有する株式の価値はだんだん増加していきます。

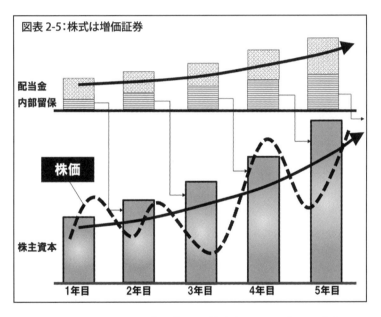

　内部留保を現在の ROE より高い分野に投資をしていくと、さらに ROE は高まっていきます。しかし、内部留保をそのまま低金利の預金にしておけば ROE の平均は下がってしまいます。企業が株主のお金でどのぐらいの収益を上げているか、その率が ROE なのですから、投資をするときにこの ROE はとても大切な指標です。

債券や株式は同じ有価証券ですが、株式の価値は増加します。だから、株式は「増価」証券といえます。保有することで価値が増えていきます。これは株式の非常に大きな特徴です。長期的に見ると株価は傾向的に上昇していくのも、結局、株式の価値が増加しているからです。

　しかし、その価値の増え方にはいろいろなパターンが考えられます。また、さまざまな外部要因によっても影響を受けます。そこで将来の価値がどれぐらいになるかの見通しも、人それぞれになります。その結果、株式市場では多様な見通しを持った人がそれぞれの予測に基づいて取引を行うことになるのです。

☞　価値と価格

　株式を買うということは配当金をもらう権利と企業の資産のうち株主資本を保有するということです。株価というのはその価値をいくらで売買するかという値段です。ですからその価値が将来、非常に大きくなると思えば、現在の価値よりも高い値段で買おうという人が出てきます。また、その価値が下落すると考えれば低い値段になります。

　問題は値動きそのものが株価を押し上げたり、押し下げたりするので価値から離れた株価が付くことになります。また、欲望や恐怖が株価の変動にさらに拍車をかけます。これが短期的な株価の大きな変動を生みます。短期的には株価は大きく変動するが、長期的に見ればやはり株価は価値を中心として推移していることが分かります。

　つまり、株価は長期的な実体価値の見通しに短期的な心理が加わって大きな変動を起こすのです。しかし、長期的に見ると株価に対する心理的な影響は小さくなり実体価値の成長に沿った動きをするものなのです。

☞ なぜ、分散投資、長期投資が大切か

株式は増価証券であるとはいっても、ある一つの会社だけを保有していると、運悪くその企業が倒産してしまうこともないとはいえません。しかし、世界中のたくさんの企業の株式を保有していれば、それらのすべてが倒産することはないでしょう。ここに分散投資がなぜ大切かという本当の理由があります。

また、たくさんの企業の株式を保有していても、例えば2008年のリーマンショック後のように世界経済全体が低迷することもあるでしょう。しかし、長期的に見れば世界の経済はゆっくりと成長しています。世界の人口は増えていますし、発展途上国や新興国の人々の生活も徐々によくなっています。世界的にインフラ投資が起こり、そして新技術開発も目覚ましく加速しています。ですから、一時的に経済成長が減速することはあっても、それが長期に続くということは考えにくいのです。ここに長期投資が効果的である理由があります。

投資で成功するためには分散投資と長期投資が不可欠です。これは、株価という側面からも見ることができます。異なった値動きをする株式に分散して投資することで、変動が相殺されて平準化することになります。また、短期的には大きな変動をするけれども、長い期間保有していれば平均的な収益が得られるのです。それは正しいのですが、

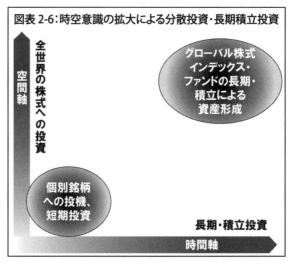

図表 2-6：時空意識の拡大による分散投資・長期積立投資

その本当の理由は、幅広い企業のビジネスを長期間にわたって保有することで経済成長並みの安定した投資収益が得られるということなのです。

心から納得して長期分散投資ができるためには、意識の拡大が必要です。図表2-6の原点近くの投資は個別銘柄の短期売買です。空間軸を大きく広げるとそれが全世界の株式への投資となります。時間軸を伸ばすのが長期間の積立投資です。

☞ 過去のパフォーマンスはどうだったか

ここで人生を通じての資産運用の目的を思い出してください。「購買力の維持＋アルファ」です。この目標とするリターンを得ることのできる投資対象が株式への投資なのです。

預金には金利が付きます。例えば、1年後に物価が今より2％上昇しそうだという見通しがあり、信用できる人に10万円を貸すとします。1年後にあなたはいくら返してもらいたいですか。10万円に2％上乗せした10万2000円でしょう。そうしないと実質価値が減ってしまいます。

言い換えれば信用できる相手に短期間お金を貸す場合、金利はほぼ期待される物価上昇率と似たようなものなのです。でも、それだと「購買力の維持＋アルファ」という投資目的のうち「＋アルファ」部分が得られません。

過去50〜60年ぐらいの歴史を見てみましょう。ここでは、世界の株式・債券（ドルベース）については、エルロイ・ディムソン、ポール・マーシュ、マイク・ストーントンが行った世界の株式市場の1900年から2000年までのデータのうち1950〜2000年の51年間を対象とします。また、日本についてはイボットソン・アソシエイツ・ジャパン調べによる1951年から2014年までの円ベースのデータを使わせていただきます。期間は完全には一致しませんがほぼ同時期・同期間のパフォーマンスです。

50年といえばかなり大きな環境の変化がありました。好況、不況の波も何度もありました。高度成長期もあれば構造不況のときもありました。また、バブルの発生と崩壊なども何回か起こっています。極端なインフレ時代もありましたし、また、デフレの時代も含まれています。それらをすべてまとめて株式や債券がどれぐらいのリターンを年平均で生み出したかを見るのです。

　まず、株式です。米国に代表される世界のインフレ率は年平均で4％でした。これに対して株式の収益率は12.2％です。つまり、世界の株式は物価上昇を上回る8.2％の＋アルファがあったということです。

　日本はインフレ率が年平均3.1％、株式のリターンが10.2％です。ですから＋アルファは7.1％ということです。つまり、世界も日本も株式の＋アルファは7～8％だったということです。

　債券を見ましょう。物価上昇率は、世界も日本も株式の前述の通りです。世界の債券の年平均収益率は6.8％、インフレ率を差し引いた＋アルファは

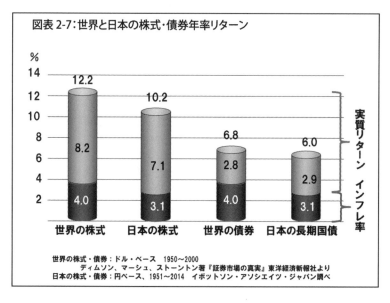

2.8％です。日本はというと6.0％で、＋アルファは2.9％です。つまり、債券の＋アルファは世界も日本も3％弱だったということになります。

日本については預金のデータもあります。これで見ると年平均金利は3.9％、つまり、＋アルファは0.8％です。

過去50年程度の長期的実績を見ると株式はインフレ率の7～8％上、債券は3％弱の「＋アルファ」を得ることができたということがいえそうです。

☞　どうして株式投資で＋アルファが得られるのか

それでは、どうして株式の収益率は物価上昇率を大きく上回るのでしょうか。株式の収益の源泉はすべて民間企業が社会に対して生み出した付加価値の合計です。その合計はほぼ名目国内総生産（GDP）と等しいといえるでしょう。

全世界に視野を広げればGDPの成長は物価の上昇による増加分と経済全体が拡大する数量ベースの拡大に分割できます。この後者の部分が実質総生産です。少し説明を加えます。

例えば、今年売れたパンの数が前年より10％増えて、同時に5％値上げをしたとしましょう。パンのトータルの売上は1.10×1.05＝1.155、つまり15.5％の売上アップです。

同じことが世界の生産でもいえるのです。世界全体で増えた付加価値は、数量増を表す実質成長とデフレーターという指標で示される物価上昇分に分かれます。これらの合計が名目成長です。株式のリターンはほぼ名目総生産であり、それは物価上昇分と数量成長分に分かれます。数量上昇分は実質総生産です。

言い換えれば株式のリターンは物価上昇と数量成長から構成され、前者が

購買力の維持となり、後者が＋アルファを提供してくれるのです。

☞ **債券投資は不要なのか**

　債券については長期的に見るとインフレ率を若干上回る＋アルファが少しあります。それは債券を発行している会社、つまり、お金を借りている先の信用度が急激に悪くなる可能性があるからです。また、債券の場合は銀行預金と異なり長期間、貸したお金を使えないというデメリットもあります。これらを相殺するためにインフレ率よりも少し高い利回りになるのです。

　しかし、現在の金利情勢を見ると、債券も預金も貯金もほぼゼロ金利です。これは物価上昇がかなり長期にわたってほとんどゼロであることの反映です。私は今後、時間をかけてゼロ金利からの脱出が図られると思います。いずれ債券の金利も正常に戻るだろうと思いますが、当面、債券は退職後のための資産形成には不向きだと考えます。

　2章『3.「かんたんすぎる」資産運用』のところで、資産形成はグローバル株式インデックス・ファンドを長期積立投資をすればよいと述べました。それでは債券には投資をしないでもいいのでしょうか。現在、ほとんど投資をしていない方であれば、私は定期的に収入があるうちはグローバル株式インデックス・ファンドをひたすら積み立てればよいと考えています。なぜなら、一時的に株式市場が低迷してもそれは安く買えるチャンスだからです。

　ただし、例えば5年後に住宅の頭金が必要とか、子どもの大学進学資金が入用などという場合は例外です。そのような資金は退職後の生活を支えるための資産形成とは別に考えるべきです。これらのようになくなっては困る資金については債券を活用すべきでしょう。

　また、第5章で述べますが、退職をしたときにもらう退職金は全額債券に投資する公社債投信にすることをお勧めしています。これによって株式市

場の大幅な変動を緩和するためです。

☞　ハイリスク・ハイリターン、ローリスク・ローリターン

　長期的なリターンのデータから預金だけでは購買力の維持は何とかできても＋アルファは得られないことが分かると思います。そこで「購買力の維持＋アルファ」という長期的な目標を達成するには株式を保有する必要が出てくるわけです。

　＋アルファを大きくしようとすると、株式をたくさん持つ必要があります。しかし、その場合、資産価値の変動が大きくなってしまいます。だからといって株式を少なくすると＋アルファが小さくなってしまう。ここが資産運用の一番悩ましい問題なのです。

　これが「ハイリスク・ハイリターン、ローリスク・ローリターン」の問題です。この問題を緩和するのが分散投資であり、長期の積立投資なのです。

（3）　なぜ投資信託を使うのか

☞　投資信託はなぜイメージが悪いか

　投資信託は投信ともファンドとも呼ばれます。みんな、同じ意味です。投資信託、投信、ファンド、どう呼んでみても世の中ではあまりいいイメージがないようです。「投信というのを買わされて大損をした」などという話も時々あります。

　しかし、投資信託は個人投資家が人生を通じて資産運用をする上ではなくてはならないものです。なぜ、失敗談が多いかといえば、多くの場合、金融機関の営業マンが勧めるものを買ってしまうからです。営業マンは投資家の

資産の状況の全貌を知りませんし、投資目的もよく知りません。ですから、どうしても今値上がりしていて、みんなが買っているものを勧める傾向があります。でも、そういう投信はすでにピークに近いのです。みんなが買っているのであれば、これ以上、買ってくれる人が増えるわけがないからです。

米国に「グレイター・フール理論」というのがあります。日本語でいえば「よりばか理論」とでも訳せるでしょうか。つまり、投資商品を買う人は、必ず自分よりもっとばかなやつがいて、自分のコストよりも高値でそれを買ってくれるという前提に立っているというものです。ですから、みんなが買っている商品には注意が必要なのです。投資信託をうまく使う唯一の方法、それはとても簡単です。自分が必要とするものを買えばいいのです。誰も買っていなくても自分が必要なら買えばいいのです。

☞ 投資信託の仕組み

投資信託はたくさんの投資家が資金を少しずつ出し、大きな資金のプールを作り、それを投資の専門家が運用してくれるというものです。投資信託を利用すれば少額で分散投資ができ、その資金をプロが運用してくれるわけです。集まったお金を投資信託会社（以下、投信会社という）が運用して、そこで上がった収益はそれぞれの人の投資金額に応じて分配されます。

最近では投資信託の最低投資金額が下がっており、一口100円からたくさんの株式に投資できるようなものも出てきています。まあ、100円投資をしてもうかっても知れたものでしょう。やはり、積立投資をするなら5000円とか、1回の飲み代ぐらい、せめて1万円ぐらいは毎月積み立てたいものです。

投資信託の主なプレーヤーは、運用をするのが投信会社、販売をする販売会社には証券会社や銀行があり、そして資産の管理をする信託銀行があります。投資家の資産は信託銀行に預けられて他の資産と区分され、分別管理さ

れます。運用会社は信託銀行に運用の指図をします。販売会社は投資家が投信を売買したり保有期間中に資料を送ったりする仕事をします。

　この少し複雑な構成になっているおかげで、投信会社が仮に倒産をしても投資家の財産は信託銀行にあるので保全されます。また、万一、信託銀行そのものがおかしくなっても、信託銀行の財産と投信の財産は分別されているので安心です。一方で、関係者が多いということは投資家が負担するコストもかかるということです。必要な仕事をしてくれるのですから料金を払うのは当然なのですが、先ほどの複利の効果で見たようにわずかな利率の差が長期では大きな違いを生み出します。

☞　コストと信託期限に注意する

　投資信託の主な手数料は、買い付けのときにかかる申込手数料（販売手数料）と保有期間中、毎年かかる管理手数料（信託報酬）です。申込手数料は販売会社によって異なります。管理手数料は同じ投資信託なら販売会社ごとの違いはありません。

　わずかなコストの差が長期で大きな違いを生む例を示しましょう。例えば毎年のリターンが5％の投資信託があるとします。運用期間は40年で、まったくコストがかからないとすれば100万円の投資は704万円になっているはずです（図表2-8のⒶ）。しかし、買い付け時に支払う申込手数料が2％、毎年支払う管理手数料が2％というコストがかかるとすると実に、377万円にしかなっていません（同Ⓒ）。驚くほど大きな差が付くのです。それでもこの投資信託は年5％のリターンを得ているからいいのです。もし、0％でコストを払い続けていると、元本はほぼ半分の54万円になってしまいます（同Ⓓ）。（同Ⓑについては次に述べます）。この差はどこにいっているのかといえば、関連している証券会社、銀行、投信会社、信託銀行などの収入になっているのです。

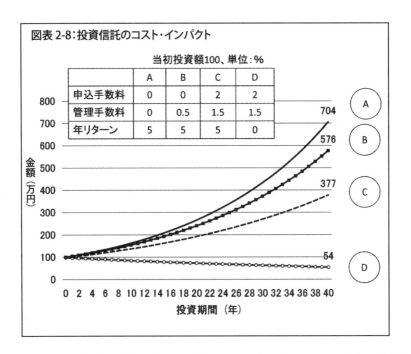

　もうひとつ、投資信託で注意しておくことがあります。それは信託期限という問題です。信託期限が短いとせっかく長期で投資を始めても投資信託が終了してしまう恐れがあります。できる限り信託無期限の投資信託を選ぶ方が長期目的には適しています。

☞　2種類の運用方法がある

　投資信託の運用方法にはアクティブ運用とインデックス運用という2種類があります。

　アクティブ運用というのは、市場の中で今後のパフォーマンスのよさそうな分野や銘柄を選び、それを保有するというものです。一方、インデックス運用というのは、例えば日本の株式市場というようなグループ全体の動きを示す指標と同じパフォーマンスになるような運用をするファンドです。

これだけ聞けばアクティブ運用の方がよさそうに思えますが、実際には全部が全部、うまくいくわけではありません。しかも、アクティブ運用は良い銘柄を探すためにコストがかかるので管理手数料が高いのです。

　一方、インデックス運用は指数が対象とする市場並みのパフォーマンスを安いコストで得ようというものです。今日、対象とするインデックスにはたくさんの種類があります。国や地域では日本をはじめ先進国、新興国、全世界などがあり、また業種や企業の規模別などの指数があります。

　私は日本も含めた先進国全体と新興国など全世界の株式を保有することをお勧めしています。そのためにはどのような投資信託に投資すればよいのか。この点については後に説明します（99ページ参照）。

☞　**なぜインデックス運用が向いているのか**

　なぜ、人生を通じての資産運用にはインデックス運用が適しているかを説明します。例えば学校のあるクラスで試験をするとします。クラス平均よりも良い成績を取れそうな生徒を事前に選ぶのがアクティブ運用、全員の平均点を得ようというのがインデックス運用です。成績の良い子を選べばいいと思うでしょう。簡単そうに思えますが、証券市場ではなかなか平均以上の収益率を得られる株式を選ぶのは簡単なことではないのです。

　まず、投資信託の運用者はプロ中のプロです。それらの人たちが厳しい競争を勝ち抜いてきたエコノミストやアナリスト、トレーダーの専門家チームに支えられ膨大な資料を購読し、会社役員の話を聞いたり、データを分析したりして選び抜いた銘柄を選択するのです。

　問題は、プロはみんなそれをやっているということです。本当に魅力的な銘柄が見つかったとすると、あっという間にみんなが殺到して魅力がなくなる水準まで買われてしまいます。要するにマイナーリーグに1人だけ大リー

ガーが入っていれば、彼は仲間よりは良い成績を残せるでしょう。しかし、同じようなすごい人たちがひしめいている大リーガーの中では「勝ったり、負けたり」ということになってしまうのです。

　株式市場では素晴らしいファンドマネージャーたちが総力戦をしているのです。その上、投資信託の過去のパフォーマンスは、ほとんど将来のパフォーマンスを予測する上で参考にならないのです。これは意外かもしれませんが数多くの論文で指摘されている事実なのです。これらのファンドマネージャーたちが集まって市場が形成されています。つまり、1人が市場平均以上のパフォーマンスになれば必ずその裏側に平均以下のパフォーマンスのファンドがあるのです。つまり、ゼロサム・ゲームです。

　しかも、彼らは何とかライバルに勝とうと売買を繰り返します。当然、そのたびに売買コストがかかります。つまり、アクティブ運用の世界はゼロサム・ゲームであるだけでなく、マイナスサムの世界なのです。それではできるだけ売買のコスト、リサーチのコストなどをかけないで市場全体のパフォーマンスを狙おうというのがインデックス運用のアプローチです。

　私は人生を通じての「かんたんすぎる」資産運用にはインデックス運用が最適だと思います。しかも、全世界の株式を保有するとなるとグローバル株式インデックス・ファンドが現実的な方法となるでしょう。

　それでは、個別の企業にどうしても投資をしたいときはどうすればいいのでしょうか。それは将来、ある程度、退職後の経済基盤が整ってきた後に自分が本当に応援したい企業を長期で保有すればいいのです。それは第5章で述べますので、それまでお待ちください。

　インデックス型の投資信託はコストの面でも有利です。リサーチ費用や売買の頻度が少ないので低コストでの運用が可能です。申込手数料もゼロが多く、また、管理手数料も非常に低いのです。前掲した図表2-8のⒷをご覧

ください。ここでは申込手数料をゼロ、管理手数料を0.5％としてみました。年リターンはⒶ、Ⓒと同じ5％と想定すると40年後の資産額は576万円となります。長期投資の場合、わずかなコストの差が大きな違いをもたらすことが分かると思います。

☞ 直販投信

　従来、ほとんどの投信会社は証券会社や銀行など販売会社の関連会社でした。つまり、投信会社は販売会社が売りたいと思う商品を作ってもらう製造部門だったのです。しかし、販売を担当する人は必ずしも運用の専門家ではありません。そのため、どんな投信をお客に提供するかを考えるとき、どちらかというと「売れる」ということが優先されやすかったのです。

　しかも、投資家からすると直接対面しているのは販売会社の営業マンで一体どんな人が自分の資産を運用してくれているのかは見えなかったのです。また、投信会社もどんな投資家が自社の投信を持ってくれているかも分かりません。その結果、どうしても投資家のニーズと提供される商品にずれが生じてしまうのです。

　そんな問題を抱える投信業界に一本の矢が1999年に放たれました。当時はほとんど無名で、どこの大手金融機関とも一線を画す、独立したさわかみ投信がさわかみファンドを設定したのです。さわかみファンドは自社が投資家に直接販売をしたのです。投信会社であるさわかみ投信の社長自ら全国を駆け回り、自分の投資哲学を説き明かし投資家に納得してもらって長期保有をしてもらうというビジネス戦略が始まったのです。

　この直販投信はまだ投信業界の中ではほんの少しですが、投資哲学がユニークなファンドも出現しています。直販投信は販売会社を「中抜き」にしているので一般に販売手数料もなく、投信会社のトップや運用担当者の顔が見えるなどというところが好感されています。私はこのようなファンドが

もっと増えることを願っています。

☞ 上場投資信託（ETF）

上場投資信託（ETF）という投資信託が人気になっています。英語名のエクスチェンジ・トレーデッド・ファンドを略してETFと呼ばれることも多いので、あるいは耳にしたことがある方もいるでしょう。

一般的に、投資信託は株式取引所では取引されず販売会社経由で投信会社が売買の手続きをします。しかし、このETFは名前の通り株式取引所に上場され市場で売買されているのです。

世界で初のETFは1990年にカナダのトロント取引所に上場されたTIPS35というインデックス型の商品でした。その後、1993年にアメリカン取引所にS&P500という米国株式指数に連動するスパイダーという愛称のETFが上場され大人気となりました。その後、ETFは全世界でどんどん拡大し、成長をしました。

日本では1995年に日経300という株価指数に連動するETFが初めて全国の取引所に上場されましたが、その後、大きな発展はありませんでした。転機となったのは2001年に本格的なETFが相次いで上場されたときからです。今日、ETFは重要な投資対象の地位を占めるまでになりました。インデックス型のETFが多いのが特徴ですが、近年はさまざまな国内外の株式やそれ以外の商品を対象としてアクティブ型のものも増え、バラエティーも豊かになりました。

中には株価指数が1割上がるとETFの価格が2割上がるタイプとか、株価指数が下がると値上がりするタイプなども出現して、時々マーケットで大人気になったりしています。しかし、これらは単に株価を対象にしているだけのマニア向け商品なので、退職後のための資産運用には不向きです。

ETFを売買するには通常の株式のように証券会社に発注します。買付や売却のときに通常の株式のように売買手数料はかかりますが、買付時の販売手数料はなく、信託報酬も非常に安いものが多いのが特徴です。ETFにはインデックス型が多いことに加え、コストも安いものが多いので人生を通じての資産運用にも活用できる商品がたくさんあります。

(4) なぜグローバルなのか

☞ **世界中に分散投資をしておけば安心**

「株式は増価証券である」と先ほど述べましたが、そのとき、たった一つの企業だけに投資をするとそれが倒産して投資資金を失うことになる可能性があるというお話もしました。だから、分散投資が必要になるのです。その点、全世界の主要株式すべてに投資しておけば安心です。世界中の企業が全部つぶれることはないでしょう。世界的な金融危機でも起これば一時的に企業収益全体の成長が鈍化することはあるかもしれませんが、世界の需要はゆっくり成長しているので利益減少がずっと続くこともありません。

世界経済はゆっくりと拡大を続けていますが、その成長エンジンとなる国は変化しています。オイルショックを乗り切った日本は70年代以降、世界経済をけん引していました。80年代に入り米国が徐々に力強さを取り戻し、21世紀に入ってブラジル、ロシア、インド、中国の略称であるBRICsを中心に新興国が高成長をしました。今日現在はまた、米国が元気になっています。

経済のけん引国はこのように変化して止まないのです。その動きを予測して次から次へと投資先を変えていくのは無駄なことです。うまくいけばいいのですが、失敗すれば大きなダメージになります。それよりも全部持って入れば安心なのです。

産業別に見ても資源株がよかったり、ハイテクだったり、ライフサイエンスだったり、変遷し続けます。グローバル株式インデックス・ファンドは国ごとのバランスを取ると同時に業種ごとにもバランスを取っています。

世界で発生する需要はどこかの国のどこかの企業が満たすのです。それがどこの国のどの企業なのかは分かりません。でも、全部持っていればその国・企業は必ずファンドの中に入っています。そういう意味でグローバル株式インデックス投資は、一番ほったらかしておくのに適した、鮮度の落ちない投資対象なのです。

☞ 世界の株式市場は好調だった

日本の株式市場は1989年末にピークをつけてその後、長い低迷を続けています。最近こそ少しずつ後遺症が薄れてきていますが、それでも過去最高値と比較するまだまだ下の方にいます。

しかし、その間、世界の株式は着実に成長をしていたのです。全世界の株式市場をすべてまとめた配当金も含めたパフォーマンスの指数を円に換算してみると、過去30

図表2-9：世界と日本の株式市場パフォーマンス比較 1987.12～2018.09
― 配当込TOPIX ― 円建世界株式(配当込)

年でその価値はほぼ9倍になっています。

世界中の株式市場の中で日本のマーケットの規模を比較すると、そのシェアは1割にも満たないのです。日本だけを見て「株式はだめだ」というのは実に大きなチャンスを逃していることになります。

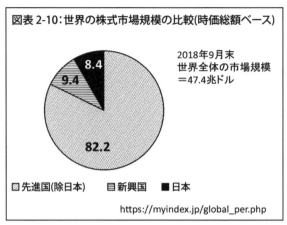

図表2-10:世界の株式市場規模の比較(時価総額ベース)

☞ 5000円もあれば十分、世界に投資できる

「でも、全世界の株式を買うといっても、私にはそんなにお金がありません」

そう思う方も多いことでしょう。大丈夫です。先ほどお話した投資信託を使えば、5000円もあれば十分に「世界」を買うことができるのです。最近では1000円でも投資ができるファンドがあります。投資信託は他の人もお金を出し、投資信託に集まった大量の資金で世界の株式を保有します。そして株式の値上がりや配当金で生まれた収益はそれぞれの人の投資金額の比率に応じて分配されます。

例えば10万円をこのようなファンドに投資したとしましょう。あくまで概算ですが、2018年3月のある日の株価に基づくと、そのうちの1980円がアップルに行きます。これが一番大きな投資先です。2番目がマイクロソフトで1510円、3番目がアマゾンで1310円。以下、フェースブック（900円）、JPモルガン・チェース（860円）、ジョンソン&ジョンソン（750円）、アルファベット（グーグル）（750円）などが並び、ネスレ（520円）、サムソン（490円）、トヨタ自動車（390円）、ウォルト・ディズニー（340円）、マクドナルド（290円）、スターバックス（190円）、ソニー（170円）な

どが上位に名を連ねます。

　皆さんがご存じで、お世話になっている企業も多いと思います。投信を経由しているので間接的ではありますが、われわれの生活を支えてくれている世界企業のオーナーになれるのです。将来、もし、インフレが起こり、これらの企業の製品やサービスが値上がりしたとしても、そこで発生するインフレ利益は最終的に間接的ではあってもオーナーである投資家のものとなります。でも、そのためには世界中のいろいろな産業の企業を保有しておく必要があるのです。

　一例として、バンガード・トータル・ワールド・ストックETFというファンドは、47か国の約8000の銘柄で構成される指数に連動する運用を目指しています。この指数は、全世界の投資可能な市場規模の98％をカバーしています（2018年10月現在）。

☞　世界のトップ・ブレインをまとめて保有

　グローバル株式インデックスファンドに組み入れられている企業は世界の成長をけん引しているともいえます。そして、これらの企業の経営陣はまさに世界のトップ・ブレインです。一番、投資額が大きくなるアップルのトップはスティーブ・ジョブズの後を継いだティム・クック、ビル・ゲイツが創業したマイクロソフトはサティア・ナデラ、アマゾンの社長はジェフ・ベゾスなどです。

　投資信託を通じてこれらの企業に投資をしているということは、これらの企業の間接的なオーナーになっているということです。世界に名だたるこれらのトップ・ブレインは投資家のために働いているともいえるのです。世界中の投資先企業のトップの能力を全部まとめて保有しているのがグローバル株式インデックス・ファンドです。そして、彼らがファンドの所有者のために働いてくれていると考えるとすごいことです。どんなに優秀な人でもすべての分野で天

才という人は少ないでしょう。グローバル株式インデックス・ファンドはそれぞれの分野の天才たちをすべてまとめた人的資産を保有しているのだともいえます。

☞ 投資対照の選択

以下に7つのファンドを具体的な例を提示しておきましょう。あくまで読者の理解を深める目的のためであり、これ以外はよくないというつもりはありません。

最近はありがたいことにたったひとつのファンドで日本も含めた先進国、新興国のすべてに投資できる投資信託が登場しています。また、日本を除く先進国と新興国に投資をするものもたくさん出ています。

後掲の本章本節(6)で、少額投資非課税制度（NISA）を紹介しますが、金融庁はこの制度のうち「つみたてNISA」の対象商品を選定しています。その中からグローバルな投資に適したファンドを選んでみると、次ページのようになります（2018年9月現在）。

☞ A、B、Cのファンドなら

図表2-11の一番左の例を見てください。A、B、Cのファンドであれば極めてシンプルです。要するにこのどれかのファンドを対象にして毎月、積立投資をすればいいのです。いくらずつかというのはすでに述べた通り「できるだけ」です。

一生懸命に仕事に励み、節約をして、できる限りの金額を将来の自分のために増やす。その結果が退職をした時点に手元になる資金ということになります。そしてその資金を引き続き運用しながら幸福感を最大化できるように使っていけばいいのです。

図表 2-11 グローバル株式インデックス・ファンドの例

	ファンド名	最大申込手数料	年間運用費用概算(税込み)	運用会社	販売会社	投資対象 日本	投資対象 日本以外の先進国	投資対象 新興国
A	SBI・全世界株式インデックス・ファンド	0.00	0.15	SBIアセットマネジメント	カブドットコム証券;楽天証券;SBI証券;松井証券	○	○	○
B	楽天・全世界株式インデックス・ファンド	0.00	0.1296	楽天投信	エイチ・エス証券;カブドットコム証券;ソニー銀行;フィデリティ証券;マネックス証券;楽天証券;損保ジャパン;日本興亜DC証券;立花証券;SBI証券;栃木銀行;松井証券;ジャパンネット銀行;岡三オンライン証券;GMOクリック証券	○	○	○
C	全世界株式インデックス・ファンド	2.1600 (つみたてNISAは0)	0.5184	ステート・ストリート	三井住友信託銀行;カブドットコム証券;マネックス証券;楽天証券;SBI証券;東京スター銀行;中国銀行;東北銀行;松井証券	○	○	○
D	eMAXIS Slim 全世界株式(除く日本)	0.00	0.1534	三菱UFJ国際投信	楽天証券	—	○	○
E	eMAXIS 全世界株式インデックス	0.00	0.648	三菱UFJ国際投信	三菱UFJ信託銀行;三菱UFJ銀行;エース証券;カブドットコム証券;ソニー銀行;ひろぎん証券;フィデリティ証券;マネックス証券;楽天証券;三菱UFJモルガン・スタンレー証券;FFG証券;東洋証券;SMBC日興証券;立花証券;髙木証券;SBI証券;熊本銀行;横浜銀行;三重銀行;親和銀行;荘内銀行;南都銀行;福岡銀行;北都銀行;百十四銀行;浜銀TT証券;松井証券;野村證券;ジャパンネット銀行;岡三オンライン証券;三菱UFJモルガン・スタンレー証券(インターネットトレード専用);GMOクリック証券	—	○	○
F	三井住友・DCつみたてNISA・全海外インデックス・ファンド	0.00	0.27	三井住友アセットマネジメント	三井住友アセットマネジメント;東海東京証券;いちよし証券;エイチエス証券;カブドットコム証券;フィデリティ証券;マネックス証券;楽天証券;極東証券;あかつき証券;水戸証券;フィリップ証券;SBI証券;名古屋銀行;富山銀行;みなと銀行;松井証券	—	○	○
G	野村つみたて外国株投信	0.00	0.2052	野村アセットマネジメント	新生銀行;マネックス証券;楽天証券;丸近証券;木村証券;SBI証券;みずほ銀行;山陰合同銀行;筑邦銀行;みずほ証券;野村證券;碧海信用金庫;ごうぎん証券	—	○	○

出所：イボットソン・アソシエイツ・ジャパン「投信まとなび」

☞ D、E、F、Gのファンドなら

この場合は毎月D、E、F、Gのファンドを積立投資すれば良いのですが、そうすると日本株が含まれなくなってしまいます。そこで東証株価指数（TOPIX）に連動するインデックス・ファンドを買い付ける必要があります。これはほぼどこの販売会社でも取り扱っています。

一例としてD、E、F、Gのファンドのどれか一つを毎月1万円ずつ積立投資をするとします。同時に6月と12月のボーナスでそれぞれ5000円ずつ、TOPIXに連動するインデックス・ファンドを買い付けます。こちらは積立投資ではなくスポットで注文を出すことになります。

1年間、それを続けると投資金額は日本以外の海外株式が12万円、日本株が1万円ということになり合計13万円の投資をしたことになります。投資額で見ると約92パーセントが海外株式、8パーセントが日本株という構成になり図表2-10の世界の株式市場と同じような配分になります。

（5）なぜ積立投資なのか

☞ ドル・コスト平均法とは

では、グローバル株式インデックス・ファンドをどのように買えばよいのでしょうか。時間も手間もかからず、相場観もいらない積立投資が最適です。積立投資というのは自分で決めた方法で一定の金額を投資していく方法ですが、毎月の買い付けは金融機関と契約しておけば自動的に行ってくれます。積立投資がよいのは「ドル・コスト平均法」と呼ばれる手法の効果を享受できるからです。

「ドル」といってもドルで投資をするのではありません。もちろん、円で

いいのです。もともと米国で使われていた手法が日本に輸入され、そのときに名前もそのままドル・コスト平均法として日本でも採用されたのです。

　名前はともかく、ドル・コスト平均法というのは定時・定額で一定の銘柄を買い続けるという方法です。毎月給料日の翌日とか、毎月1日とか、事前に決めた金額が自動的に銀行から引き落とされ、あらかじめ決めた投資信託を買い付けるのです。

　投資信託の価格を基準価格といいますが、基準価格が高いときは当然、買える口数が減ります。基準価格が安くなると買い付ける口数が増えます。毎月、同じ金額を投資しているので当たり前です。つまり、高いときに少なめの口数を、安いときに多めの口数を買うのです。これをずっと続けることで比較的安いコストで投資信託のカタマリができるのです。

　例えばドル・コスト平均法による積立投資を4月から始めたとしましょう。毎月の投資額が3万円、投資信託の基準価格は1万円とします。そうすると4月には3口買えることになります。5月には基準価格が1万2500円に値上がりしたとします。そうするとこの月には3万円で2.4口の買い付けになります。これで累計は5.4口買ったことになります。6月になるとまた基準価格が1万円に戻ったので買い付けは3口です。7月には基準価格が7500円に値下がりしました。従って買い付けは4口です。そして8月、基準価格は1万円に戻り3株を買うことができました。これまでの成果をまとめてみましょう。

図表2-12：ドル・コスト平均法の例

	基準価格	積立金額	買付け口数
4月	10,000 円	30,000 円	3 口
5月	12,500 円	30,000 円	2.4 口
6月	10,000 円	30,000 円	3 口
7月	7,500 円	30,000 円	4 口
8月	10,000 円	30,000 円	3 口
累計		150,000 円	15.4 口

　基準価格の推移は1万円から始まり1万円で終わっています。つまり、横ばい相場です。一方、ドル・コスト平均法による買い付けをすると、合計15万円を投資し、最終的に15.4口を保有しています。8月末の基準価格は1万円ですから保有投資信託の価値は15万4000円です。つまり、横ばい相場でももうかっているのです。このように安いときに口数を多く、高いときに少なく買うことをずっと長い間続ければいいのです。このような買い方を金融機関が自動的にやってくれるわけです。

☞ 恐るべし、ドル・コスト平均法

　ちなみに1987年末からずっと今日まで約30年にわたってドル・コスト平均法で毎月1万円ずつ世界の株式に投資を行っていたとしましょう。イメージとしては30歳で資産形成を始めて定年までです。投資総額は370万円に対し、現在の時価はおよそ約1400万円になっていることになります。当初の価格を100とすれば、この期間の平均買い付けコストは255円でした。もし、ドル・コスト平均法でなく、毎回同じ株数を買っていたとすると平均コストは352円です。まさに「恐るべし、ドル・コスト平均法の威力」です。

　もちろん、これは1987年以降のマーケットの結果こうなったということで、今後がどうなるのかは「神のみぞ知る」です。しかし、考えてみればこの期間、1990年以降の日本のバブル崩壊、2000年の米国を中心とする

テクノロジーバブルの崩壊、米国の住宅バブルの崩壊とサブプライム問題、2008年のリーマンショック、東日本大震災などなど、多くの金融危機やマーケットの大波乱を含んだ期間でもあります。そしてそのような大きな暴落のたびにドル・コスト平均法は淡々と買い付け口数を大きくして今日に至っているわけです。これはなかなか相場を見ながら判断していく方法でできることではありません。

（6）税金を安くする方法がある

☞　NISA（ニーサ）とか、iDECO（イデコ）って何？

　NISA（ニーサ）とかiDECO（イデコ）という言葉を聞いたことがある方も多いかもしれません。個人的な環境や税金の取り扱いは個人によって異なるので、ここではポイントだけお話しておきましょう。

投資や資産運用ではコストが非常に重要であることはすでにお話しました。そのコストの中で見逃されがちなのが税金です。税金は「まあ、取られても仕方ない」と思ってしまい、本当は払う必要のない税金まで支払っているケースが多くあるようです。

　もちろん、NISAやiDECOなどは脱税ではありません。国民が老後の資金を準備しやすくしたり、投資をもっと促進しようとしたりする意図から政府が決めた投資の非課税制度なのです。よほど税金を払うのが好きな方は別として、使わない手はない制度です。

　国内株式、海外株式、ETF、株式投資信託、国内外債券などに投資をして得る値上がり益や配当金、分配金、金利などには現在20％の税金がかかります（さらに2037年末までは復興特別所得税がプラスされる）。金融機関に口座を開くときに「源泉徴収ありの特定口座」にしておけば、それですべて完結です。金融機関が必要な税金を代行納付してくれます。

　それは便利でいいのですが、この税金を支払わなくてもよい方法がNISAやiDECOです。この20％強の税金が非課税になるのです。この低金利時代、投資収益の約20％の節税ができるのは、長期的には非常に大きな差を生みます。とにかく、税金を考慮すると投資の収益が5％あっても税引き後では4％になってしまうのですから。

　筆者は税金の専門家ではありません。税金の取り扱いはケースによって異なる場合もあります。ぜひ、専門の人によく相談をされることをお勧めします。ここでは骨格となる制度をご説明します。

　☞　**NISAとは？**

　昔、「マル優」という愛称で呼ばれた少額貯蓄非課税制度があったことを記憶されている方もいるでしょう。1963年に導入され1988年に障がい者

などを除いて廃止された制度(現在では障害者等のマル優制度となっている)で、銀行預金、郵便貯金、国債などの利子を非課税にするものでした。当時は現在と違って金利も高かったことから、多くの人が利用した制度です。

　NISAはこのマル優の投資版だと考えていただければ結構です。NISA「Nippon Individual Savings Account」の略で、日本語の正式名称は少額貯蓄非課税制度です。

　NISAには3種類あります。原則、株式や投資信託などの金融商品に投資をした場合、売却をして得た利益や、配当金や分配金に対して20％強の税金が免除されるものです。2014年にスタートしたのが一般NISAで、これは株式および株式投資を対象として毎年120万円を上限とする非課税枠が5年間で設定されるものです。

　2016年にできたのがジュニアNISAという制度で、0歳から19歳までの未成年者を対象に上限80万円までの非課税枠が設定されます。投資対象は一般NISAと同じです。非課税期間は最長5年で投資可能期間は2023年までです。この制度では18歳までは払い出しに制限があります。

　2018年からスタートしたのがつみたてNISAです。こちらは積立投資に限定され、年間上限は40万円ですが、非課税期間は20年と長期です。また、投資対象は金融庁が長期の積立・分散投資に適していると認めた投資信託に限定されています。

　投資可能期間は2037年までですが、他のNISA制度も含め今後、修正が行われる可能性もあります。つ

図表2-14：つみたてNISAのキャラクター、ワニーさくん

https://www.fsa.go.jp/policy/shokenzeisei/20180421.html

みたてNISAは基本的に退職後に備え、資金を準備するのに適した制度です。後述のiDECOなどとの合わせ技でかなり大きな非課税枠を得て資産形成ができるのです。

つみたてNISAはワニーサ君というキャラクターまでできて人気者になっています。これが人生を通じての資産運用につながってくれることを願っています。

☞ **確定拠出型年金（企業型、iDECO）とは？**

年金には将来、受給者がもらう金額をあらかじめ決めておき、そのために必要な資金をその年金のスポンサーが拠出していく確定給付型年金と、事前に掛金が決められており、その資金を受給者自身が運用する確定拠出型年金があります。

前者を英語のDefined Benefit Planを略してDBプラン、後者をDefined Contribution Planを略してDCプランなどと呼ぶこともあります。なお、後者をアメリカのDCプランの中で一番普及しているのが401K型であることから日本版401Kプランなどと呼ぶこともありますが、401KはアメリカのDCプランの一部を指す言葉で、適当な言葉の使い方ではありません。従来、日本の年金制度は確定給付型でしたが、2001年にこの制度ができてから徐々に普及し、現在、急速に拡大しています。

いずれにしても確定拠出型年金のキモは自分で年金資金を運用し、将来、年金がいくらになるかは自分の運用次第であるということです。まさに、将来の自分は今の自分が支える制度といえるでしょう。確定拠出型年金には企業型と個人型の2種類があります。企業型は企業が掛金を支払うという形式のものです。従来の確定給付型年金からの併設、あるいは切り替えを中心にこの制度が利用されてきました。2012年に制度が改正され、加入者も一定の範囲で会社の拠出に個人が追加できるマッチング拠出が可能となりました。

個人型はこれまであまり注目されていなかったのですが、2018年から従来、企業型に加入できなかった、公務員、専業主婦などほぼすべての人がこの制度を利用できるようになりました。この英語名が Individual-type Defined Contribution Pension Plan であったことから愛称が iDeCo（イデコ）と決まりました。この制度により、ほぼすべての成人が確定拠出型年金に加入する道が開かれたことになります。

☞ 確定拠出型年金のメリット

　確定拠出型年金は NISA と同様、売却益、配当金・分配金などが非課税になるほか、もう一つ大きなメリットがあります。それは拠出した金額が所得控除できるということです。所得税は、所得に対して一定の割合で課税されます。ですから、所得を少なくすると税額も小さくなります。確定拠出年金に拠出した金額は所得から差し引けるので、その分年末調整や確定申告によって取り戻すことができます。

　とはいえ、掛金はいくらでも出せるわけではなく立場によって金額が決まっています。また、原則として引き出しは 60 歳までできません。この制度についてはインターネット上にたくさんのサイトがあり、分かりやすく解説されています。一つだけ紹介すると、特定非営利活動法人 確定拠出年金教育協会が運営する個人型確定拠出年金ナビ「iDeCo ナビ」は簡単なシミュレーションなどもできるのでおススメです（http://www.dcnenkin.jp）。

　NISA にしても確定拠出年金にしても非常にメリットが大きいことはいうまでもありません。低金利時代だからこそ、少しでも無駄なコストを削減することが大切です。そして、税金もコストであることを忘れてはいけません。「証券市場で得られた投資収益－コスト＝投資家が得る投資収益」はいつも真理です。

☞ 非課税口座を使うと大きな差が出る

　NISAにしろiDECOにしろ、一定の制限はあるものの投資収益が非課税になる点は同じです。当然、投資の期待収益の高いものをこれらの口座に入れるのが有利です。ほとんど金利のつかない定期預金を非課税口座で貯蓄しても、収益がほぼゼロだったら非課税のメリットはほとんどありません。

　今、仮に、毎年50万円を株式投信と銀行預金に25万円ずつ積立投資したとしましょう。株式投信は年5％、預金は1％と想定し運用期間は30歳から65歳までの36年とします。もちろん、これは仮定であくまで分かりやすく説明するために使う数値です。手数料などのコストも計算には入れていません。

　毎年初に株式と預金の残高が半分ずつになるように調整しつつ運用を行うとして、65歳になったときの資産の残高はどうなっているでしょう。株式を非課税口座で、預金を課税口座で積み立てていたら残高は3194万円となっているはずです。反対に低収益率の預金を非課税口座にして、長期的な収益率の高い株式を課税口座で投資したなら残高は2845万円です。かなり大きな差がつくことがお分かりでしょう。このようにどの口座で何を買うかというのはとても大切な判断になります。

5. 運用耐久力こそ成功の鍵

（1）運用にエキサイトメントを求めるのは間違い

☞ 資産運用は歯磨きのようなもの

　人生を通じての資産運用は歯磨きのようなものです。特段、楽しいもので

も、難しいものでもありませんが、若いうちから毎日きちんと続けることで老後になっても健康な歯が維持できるというものです。資産運用も同じこと。運用に楽しみとか、エキサイトメントを求めるのは間違いです。ただ、日常行為として淡々と続けることこそ重要なのです。

　投資信託の基準価格も頻繁にチェックする必要はありません。逆に、あまり気にしすぎると何か余計なことをしたくなってしまうものです。株価は、あなたに見られていることは知りません。見られているから頑張ろうというようなことはないのです。全世界の株式に分散投資された資産価値は世界経済の長期的な成長を反映して価値を増やしている、その一点を心に刻み付けて数十年、ただ積み立てることだけが必要なのです。

　人生を通じての資産運用は、始めることよりも続けることの方が難しいのです。しかし、続けなければ効果が得られません。なぜ、難しいのかというと、皆さんマーケットの動きに目を奪われてしまうからです。

☞　マーケットの短期的な動きは分からない

　マーケットの天井や底は分かるものではありません。それにもかかわらず相場の変動を追いかけて売ったり買ったりしたくなります。結局、下手なもぐらたたきのようにバタバタと動き、傷口が大きくなってしまい、売買するたびに証券会社に支払う手数料が流出していくのです。

　相場の短期的な先行きは分かりません。そう割り切った方がずっと安全で安心です。そして何より現実的です。とにかく大切なことはマーケットの短期的な動きには一切、影響されないこと。投資期間は何十年という長い期間です。今日、今月、今年、いや、今後、数年間、マーケットが下がったとしても人生を通じての資産運用でお金を使うのは数十年後です。むしろ低迷期が長いほど、コストの安いポートフォリオを構築できるのです。本当は、低迷相場こそ個人投資家にとって黄金のシナリオなのです。

世界の企業は、着実に増える世界の需要を満たすべく事業を営んでいます。その結果、企業の価値が増加しているのです。私はこんなことをよく思います。毎朝、お日様が出てきて、私の自宅の窓から見える外の景色が明るくなります。雨の日は少し薄暗くなります。お日様は見えません。でも、雲の向こうでお日様はちゃんと出ているのです。われわれの目が雲に覆われて見えないだけです。

　お日様の運行が世界企業の経済活動です。われわれの目が相場の下落に覆われても経済活動は続いています。そして社会に付加価値を提供し続けている。その付加価値こそ、投資収益の源泉なのです。その一点をしっかりと頭に染み込ませて、ただひたすら積立投資を続ければいいのです。

(2) 三つの悪魔が登場する

☞　最初に無知の悪魔が登場

　長期投資の長旅の途中には三つの悪魔が登場します。最初に出てくるのが「無知」という悪魔です。「投資などばくちだ。あんなものはまともな人間のすることではない」と。多くの人が投資と投機を間違えているのです。

　しかし、「将来の自分は今の自分が支える」ことに気づき、「退職後の生活水準が大幅に落ち込まないように」、長期的に「購買力の維持＋アルファ」を狙って資産形成を始めます。これで無知の悪魔は撃退したことになります。

　無知の悪魔を乗り越えて、人生を通じての資産運用を始めてしばらくすると必ずといっていいほど市場が暴落したりします。もしかすると世界的な金融危機などといわれる事件が起こるかもしれません。

☞ 次に恐怖の悪魔が襲ってくる

　こんなときでも積立投資を続けていて大丈夫だろうか？、これはもっともな不安です。もっと下がったらどうしよう。つい昨日まで「俺もやろうかな」などと言っていた友人も「だから危ないと言ったじゃないか」などとちょっと得意そうにしたりします。

　当然、まだそれほど投資経験がないので不安になります。こんなときに出てくるのが恐怖の悪魔です。「もっと下がるかもしれないぞ」と悪魔がささやき、恐怖にかられてやめてしまうのです。積立をやめてしまうのです。

　積立をやめるだけではありません。そうすると、とりあえず全部売っておいた方がいいのではないかと思ってしまうのです。下がったところで買い戻せばいいと考えます。でも、それは現実的には難しいのです。人間の心理として不安感が最大になったときが一般的に、大底に近いものです。それはまた一番買いにくいところでもあります。

　逆の恐怖の悪魔もいます。マーケットが大幅に上昇する。そうすると「そろそろ利益を確定した方がいいよ。どうせバブルは崩壊するから、下がったらまた買えばいいじゃないか……」。そんなささやきが聞こえます。高値で売って安値で買い戻すことができれば苦労はないのです。それができないから、みんな短期投資で苦労するのです。そんなささやきにも耳をふさいで積立を続ければいいのです。

☞ 欲望の悪魔の誘惑に注意

　これらの悪魔の誘惑を乗り越えて資産運用を続けていると、だんだん自信もついてきます。本を読んだりセミナーに出たりして知識もついてきます。そうすると少しずつ時間をかけて資産を形成するのがかったるい感じを持つようになります。これが第三の悪魔、つまり欲望の悪魔です。

もっと早く、たくさんもうかりそうな方法があるはずだという考えがよぎります。短期間で大もうけしたというような話も耳に入ります。多くの場合、それは投資ではなく、投機が一発当たったというのにすぎないのですが、つい、それを狙ってしまうのです。そしていつか本来の資産運用から離れて投機家への道に迷い込むことになってしまうのです。

三つの悪魔が持っている武器がマーケットの価格変動です。ですから、価格変動に惑わされないことが大切です。価値の増加こそ唯一注目すべきことなのです。全世界の株式インデックス・ファンドに投資をしていれば、その価値は世界の経済成長率並みには増加しているのです。価格は短期的には価値の周りで大きく変動しますが、長期的にはその価値が価格に反映されます。

（3）株価は影

☞ 株主の権利

株式を買うということは、その企業の株主資本を買うということです。確かに、あなたが支払ったお金は企業にはいきません。そのお金はそれまで株主資本を持っていた人のところへいくのです。ゴルフ会員権を考えてみるといいと思います。新規の募集でなければ会員権は誰か他の人から買うことになります。お金は売ってくれた人の元にいき、ゴルフ場にはいきません。しかし、会員権を持っている人はそのゴルフ場でプレーを楽しめる権利を持つのです。

株式の保有者になるということは三つの権利を得ます。配当金を受け取る権利、株主総会で議決権を行使する権利、そして、その企業の株主資本を所有する権利です。3番目の権利はその企業が万一、倒産したときには債務を返済した残りの財産を受け取ることができるということです。

☞ 株式市場での株価の変動

しかし、株式取引所では毎日激しく株価は変動します。それは株主が保有する企業の将来の価値を買っているからです。ある人は現在100の価値が10年後には200になると予想すれば、現在の価格が100であるなら割安だと思うでしょう。しかし、目先、環境が厳しく来年は80に下落すると考える人は今のうちに売っておこうと思うかもしれません。

ある人は100なら安いと思い、別の人は100で売れればありがたいと思うのです。こうしていろいろな思惑の人が集まって値段が付いているのです。さらに、みんなが強気になりそうだと思えば先に買っておこう、弱気になりそうなら売っておこうという人も現れます。価値とはあまり関係なく売買する投機家の出現です。

現在の株価は売りたい人と買いたい人の取引が均衡して成立しています。売りたい人は今後、この株式は下落するだろうと思っています。買いたい人は値上がりするだろうと思っています。それがちょうどつり合ったのが今の株価です。ですから、この瞬間の株価は強気でも弱気でもありません。中立なのです。その中立の価格が新しい情報を反映して瞬間、瞬間、動いているのです。

☞ 欲望と恐怖のはざまを這い上がる

株価は欲望と恐怖のはざまを這い上がるといわれています。ある企業の価値は欲望の側から光を当てると影が大きくなり、恐怖の側から光を当てると小さくなります。そしてその影は毎日、毎秒、変化しているのです。

投資家の心理は欲望と恐怖の間を激しく行ったり来たりしていますから、影は大きく変動します。そして投機家は一生懸命に影の動きを予測し売買を繰り返します。長期の投資家はそのような動きから超然として価値の成長に

着目します。

　短期的には価格は大きく変動しますが、価値が大きくなれば変動の中心になる価格は上昇していきます。価値の裏付けがあるのですから安心していられるのです。

　一つ、例を紹介しましょう。2016年11月8日に米国大統領選挙が行われドナルド・トランプさんが勝利しました。これは多くの人々にサプライズとしてとらえられました。日本時間の2016年11月9日の午前中には、まだそのニュースが確定していませんでした。開票途中だったのです。それでも「まあ、結局はヒラリーさんが勝つだろう」と思われていました。

　その日の午前中、日本の株式市場で一番大きな企業、トヨタ自動車（以下、トヨタ）の株価が高値5950円まで付けていました。そこへトランプさん勝利というサプライズニュースが飛び込んできたのです。マーケットは驚いて暴落します。投資家心理があっという間に欲望から恐怖に変わったのです。トヨタの株式は実に458円値下がりし、その日は安値5492円を付けました。

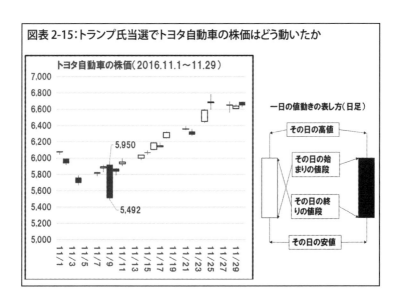

株式市場では32億株のトヨタ株が売買されています。32億株のすべてが458円値下がりしたのですから、452円×32億株で約1兆4600億円のトヨタ株の価値が消えたのです。ちなみに2016年3月期のトヨタの純利益は1兆8000億円でした。

　つまり、トヨタの1年分の利益の8割に相当する価値が株式市場で半日のうちに消えてなくなったのです。でも、どう考えても瞬間的にトヨタの価値がそんなに減少するとは考えにくいですね。これが「株価は影」ということです。ですから影の動きにとらわれないでじっと価値の成長を見守っていればそれでいいのです。

（4）株式売買はマイナスサム・ゲーム

☞　短期売買でみんなもうかった？

　株式投資というものは売買で儲けるものだという誤った常識を持っている方が非常に多いものです。リスクを理解した上でゲームをするのはいいでしょう。しかし、短期投資はマイナスサム・ゲームです。マイナスサムというのは参加者全体では損をするゲームということです。つまり、誰かが勝つとその分、負ける人がいるだけではなく、トータルで負けになるということです。

　一例を示しましょう。Aさんが持っている900円の株式をBさんに1000円で売ります。Aさんは100円もうかります。Bさんは翌日、それをCさんに1100円で売ると、100円もうかります。Cさんはさらに翌日、それをDさんに1200円で売れば、Cさんも100円のもうけです。そして、DさんはEさんに1300円で売ればDさんも100円のもうけとなります。この4回の取引で100円ずつもうけた人が4人できたわけです。

　しかし、もし、Aさんがお父さん、Bさんがお母さん、Cさんが息子、D

さんとEさんが娘だとしたらこの家族全体で一体いくらのもうけがあったのでしょう。隣の家の親切なおじさんがEさんからこの株式を1400円で買ってくれれば、家族としての利益が実現します。しかし、Eさんがこれをじっと持っている限りゼロサム・ゲーム、売買を行うたびにかかる手数料を入れればマイナスサム・ゲームなのです。

☞ もし、すべての投資家が一つの家族だったら

ここで発想を拡大して、市場に参加しているすべての投資家が一つの家族だったらどうでしょう。全体では手数料を考慮しなければゼロサム、手数料を考慮するとマイナスサムの世界なのです。流通市場とはそのような場所です。

もう一つ大切なことは短期間の場合には企業の価値がほとんど変わらないということです。価値が変わらない以上、際限なく、高値で買ってくれる投資家が出てくるとは考えにくいのです。だから、高値を買い続けてくれる人がいて成り立つもうけの仕組みは成立しないのです。価値から極端にかい離した価格は価値の周辺に回帰します。

一方、長期投資の場合はじっとその企業のオーナーとなり続けていれば、その企業の価値そのものが増加していきます。もちろん、短期の株価は価値から大きくかい離します。しかし、長期的に見ればその変動は価値を中心としてのものになります。ですから、じっと保有することに意味があるのです。Buy and Forget！（買ったら忘れてしまえ！）ということ、それぐらいでちょうどいいのです。

(5) 投資教育とファイナンシャル・ヒーリング

☞ バフェットの言葉

　ウォーレン・バフェットという名前は聞いたことのある方も多いでしょう。米国の投資家で、その長期的な成功は人々の賞賛の的になっています。ベンジャミン・グレアムの名著『賢明なる投資家』序文でそのウォーレン・バフェットが次のようにいっています。

　　　生涯を通じての投資で成功するためには、知能指数がずば抜けて高い必要もなければ人並み外れた洞察力を持つことも、内部情報に通じている必要もありません。必要なのは、意思決定のための適切かつ知的なフレームワークと、それを働かせないような力から感情を一定に保つことができる能力です。

　私はかねてから自分の天職は「投資教育家」であり、同時に「ファイナンシャル・ヒーラー®」であると考えてきました。

　バフェットのいう「意思決定のための適切かつ知的なフレームワーク」を、投資に関してそれほど知識も経験も時間もない一般生活者のために提供するのが「投資教育家」としての私の仕事です。投資を始めるためには決して難しい知識や長い経験はいりません。本当に基礎的なことをいくつか知っておけばよいのです。

　しかし、また、それを知らずに投資をするとひどいことになる恐れがあります。そして、投資の世界は奥が深いものです。少しずつ投資に習熟してきて、興味がわいてくるのであれば、さらにステップアップしていけばいいのです。

☞ ファイナンシャル・ヒーラー®の役割

　そして、バフェットの言葉にある「感情を一定に保つことができる」ようにするのが「ファイナンシャル・ヒーラー®」の仕事です。人生を通じての資産運用は孤独な長旅です。途中は晴天の日ばかりではありません。むしろ、晴天の日は少ないといってもいいでしょう。金融危機、バブル崩壊、自然災害、インフレやデフレ、戦争、その他もろもろのことが起こります。

　それにマーケットは日々、反応します。特に短期的には極端な動きをすることが多いのです。それが心の中にストレスを生みます。そして、そのストレスから逃れるために長期投資をやめてしまう人も多いのです。

　そうならないように「こういうことも時々あるんだよ、安心して自分の定めた道を歩み続ければいいんだ」という「癒し」を与える、それがファイナンシャル・ヒーラー®としての私の仕事です。

　投資教育とファイナンシャル・ヒーリングは長期投資に不可欠な車の両輪です。微力ながら私の仕事によって、少しでも多くの人々が将来の経済的独立を勝ち取り、資金的な束縛から少しでも解放されることを心から願っています。

　（ファイナンシャル・ヒーラー®は岡本和久の登録商標です）

第3章　瞑想でつかむ200パーセントの人生

1. 瞑想って何？

（1）瞑想はジョギング？

☞　瞑想は怪しい？　瞑想は難しい？

　突然ですが、皆さん、瞑想（めいそう）という言葉を聞いたとき、どんなイメージを持つでしょう。かつて一部の宗教団体が大事件を引き起こし、多くの人が命まで落としたことを思い出される方もいるでしょう。そういえばあの団体も瞑想のようなことをしていたとか。何か麻薬のようなものと瞑想が関連付けられることや、洗脳のようなイメージを持つ方も多いかもしれません。

　あるいは禅宗の座禅のようなものがイメージとして浮かんだり、千日回峰行のような人間の極限にチャレンジする行為と関連付けられたりすることを思い浮かべる方もいるようです。いずれにしても瞑想はちょっと怪しいもの、あるいは非常に難しいもの、苦しいものというイメージが強いのです。それでみんな瞑想という言葉を聞くと引いてしまうのです。

　悲しいことですが、瞑想と資産運用はよく似たイメージを持たれています。瞑想は怪しい。資産運用はどうもばくちのようなものでこれも怪しい。そして、日本では瞑想の話とお金の話はあまり人前ではしてはいけないような雰

囲気があります。ともに近づきがたいのです。困ったものです。

☞ 資産運用も瞑想も歯磨きのようなもの

　私が実践する超越瞑想（Transcendental Meditation、以下、TM という）の熱心な実践者でもある一般社団法人グローバル・リーダーシップ・コーチング協会代表理事、ガンガー総合研究所代表取締役の藤井義彦氏は 2002 年にハーバード・ビジネス・スクールのあるプログラムに参加されました。そのときの体験として、コースに参加していた欧米のトップリーダーたちには瞑想に対する拒否反応がなく、まるで「ジョギングを始めるのと同じ感覚で瞑想を始める」のに驚いたと著書で述べておられます。

　ハリウッドの名優、トム・ハンクスさんは最近、TMを始めたようですが、今まで「時間のあるときは何をしているのですか？」という質問には困っていたそうです。それで「歯医者の予約をする」ぐらいしか答えが出てこなかったそうです。ですが、今では「TMをやっている、と答えることができるんだ」と冗談を言っているそうです。欧米では、まさに瞑想は程度の差こそあれ、誰もがごく普通にするものなのです。資産運用は歯磨きのようなものといいました。瞑想も同じです。

(2) 超越瞑想（TM）

☞ TMは心を扱うテクニック

　TMは決して超能力や超常現象を引き起こすようなものではなく、単に「心を扱うテクニック」であり、技法、メソッドなのです。もう一度、確認しますがTMと宗教は無関係です。現実に熱心なキリスト教徒、仏教徒の方々が大勢実践しています。20 数年の私の体験でも一度として特定の宗教やライフスタイルなどを押し付けられたことはありません。普通に生活をしながら、

ただ、朝夕20分ずつ、心を静かにする時間を持つというだけのことです。

しかし、瞑想というわずかな時間の「投資」が心と体の疲れやストレスを解消し、心身をリセットしてくれるという恩恵をもたらしてくれます。その結果、行動の効率性が高くなり、より多くのことを達成できるのです。言い換えればみんな、心も体も疲れているから行動の効率が落ちてしまう。少しだけ時間を取って心身を休ませれば思考や行動に無駄がなくなり、その時間を補って余りある効果が得られるでしょう。

体調が悪いときに体がすっきりするだけではなく、心のモヤモヤも晴れてきます。今まで「どうしよう」と悩んでいたことが、解決への道筋がすっきり見え、「そうか、これを淡々と続けていけばいいのだな」ということが分かります。

☞ 200パーセントの人生

一日2回、TMを実践し、静かな心の状態に戻ることで現実の生活で行動の効率性が高まります。さらに、精神性を高めていくことができます。それによって精神的にも物質的にも200パーセントの人生が送れるのです。後で述べますがTMと私の提唱する資産運用はとても親和性が高いのです。

TMも簡単すぎる瞑想法です。「かんたんすぎる」瞑想法と「かんたんすぎる」資産運用法、どちらもとてもシンプルです。だいたい正しいことはシンプルなものです。そして、両方とも継続して初めて本当の効果が出てくるという点も同じです。

聖人といわれる人は別として、一般的な人間は精神性だけではなかなか幸福感が味わえないものです。しかし、物質的にのみリッチになったからといってそれで幸せになれるとは限りません。つまり、両方が大切なのです。

お金に代表されるわれわれの外側にある豊かさと内側の幸福感、物心両面で 200 パーセントの豊さを得てこそ「しあわせ持ち」の人生です。

　簡単な資産運用でお金の不安は解決できます。TM を続けることが相場変動に惑わされず、資産運用を続けることに役立ちます。そして、TM で心の中を静寂な至福感で一杯にする。200 パーセントの人生は絵に描いた餅ではありません。実践すれば誰にでも手の届くところにあるのです。

　TM は太古からインドに伝わる膨大な知識体系であるヴェーダの知恵に基づく瞑想法です。代々それは伝承されてきたのですが、少しずつ散逸したり変化したりしてしていました。それを現代に蘇らせたのが TM の創始者であるマハリシ・マヘーシュ・ヨーギーという方です。1957 年以来、世界にその実践法を提唱し続け 2008 年に亡くなるまで精力的に活動されました。

図表 3-1：マハリシ・マヘーシュ・ヨーギー
(https://purusha.org/Maharishi.html)

　90 年代の中頃、私はそれまで実践していた瞑想法に迷いが生じていました。そんなある日、たまたま書店の精神世界コーナーで手に取ったのがマハリシの本でした。そして、何気なく開いたページから「200 パーセントの人生」という言葉が私の目に飛び込んできたのです。それが私の TM を始めたきっかけでした。まさに、ご縁があったのだと思います。その文章は次のような

ものでした。

> 内側の精神性と外側の物質的人生、その二つが統合された人生があります。外側の世界を楽しみながら、なおかつ至福意識を維持していることができる、そのような人生です。それは人生の200パーセントの価値です。

☞ TMを学ぶには

TMを学ぶのは簡単です。日本各地で開催されている無料説明会に出席し、学ぼうと決めたら1回2時間ずつ4日間のコースを取るだけです。詳細についてはマハリシ総合教育研究所のウェブサイトをご覧ください。
https://tm-meisou.jp/ 超越瞑想プログラム

すごく学びたいと思っても、どうしても経済的事情で受講料が払えないという方もいることでしょう。TMの実践者である妻と私は受講料の半額を返済不要の奨学金として支給する制度（超越瞑想普及を支援する会）を設立しています。興味のある方はTM教師の方にご相談ください。
http://tmersupport.wixsite.com/home

TMは学ぶのも実践するのもとても簡単です。座禅のように足を組むこともなくリラックスした姿で一人ひとりに与えられたマントラという音に心を寄せるだけです。始めればそれなりの効果はすぐに出ますが、本当に大きな効果は何十年も続けて得られるものです。これは私の提唱する「かんたんすぎる」資産運用とまったく同じです。

（3）マハリシ・マヘーシュ・ヨーギー

☞ **マハリシについて**

TM という瞑想法を現代に蘇らせたマハリシ・マヘーシュ・ヨーギー（以下、マハリシ）について少し紹介します。TM という瞑想法は、太古の時代からインドに伝わるヴェーダ（詳しくは 138 ページ参照）の知識に基づいたものです。ヴェーダの直近の継承者は、聖スワミ・ブラーマナンダ・サラワスティ大師です。かつてインドの大統領だったラダクリシュナン博士が「ヴェーダンタの化身」（完全なる知識の具現者）として称えた人です。

マハリシは 1918 年、インドの中央部の州で誕生したそうです。アラハバッド大学で物理学を学んだ後、このサラワスティ大師のもとで 13 年間の指導を受け、瞑想法を受け継ぎました。

1957 年にマハリシはこの瞑想法を超越瞑想（TM）と名付け、世界に紹介したのです。それ以降、米国、欧州、アジアなどでこのテクニックは広められ現在、全世界で約 500 万人がこの技術を学んだといいます。日本には 1974 年に紹介され、約 6 万 5000 人が受講したそうです。文字通り世界に TM 瞑想を普及することに生涯を捧げ 2008 年に大往生をしています。

☞ **マーヴ・グリフィン・ショーに登場**

マハリシ総合教育研究所のウェブサイトではマハリシが米国の人気番組、マーヴ・グリフィン・ショーに出演したときの動画を 5 回に分けて見ることができます。TM について非常に分かりやすく解説しているので、ぜひご覧ください。

https://www.youtube.com/watch?v=JKsudd0Edx8

(4) 多くの著名人が実践

　TMは非常に多くの著名な人たちが実践しています。これも大きな特徴です。マハリシ総合教育研究所のウェブサイトから少し抜粋してみましょう。

☞　キャメロン・ディアス（女優）

　「それはまさに私が求めていたものでした。私が驚いたのは、TMはこれまで試した瞑想の中で一番簡単だったことです。私は仕事柄、たくさんのことを学んでいますが、これまで学んだことの中でも一番簡単なものでした」

☞　クリント・イーストウッド（映画俳優、映画監督）

　「私はTMの多大なる支援者です。TMは誰もが実践でき、ストレスを解消できる素晴らしいツールです。（中略）さまざまなストレス症候群が存在していますが、TMはそうした深刻なストレスを解消する素晴らしいツールだと思います」

☞　デビッド・リンチ（映画監督、脚本家、ミュージシャン、アーティスト、俳優）

　「私は、朝に1回、夕方に1回瞑想し、それから仕事に取りかかります。その結果、行動する喜びが、言葉では言い表せないほど大きくなります。意識の入れ物が拡大するにつれて、理解力は高まります。創造性、問題解決力、直観が成長します。そして、その副産物として、否定的なことが遠のいていくのです」

☞　ポール・マッカートニー（ミュージシャン、シンガーソングライター）

「TMは、マハリシが私たちに与えてくれた素晴らしい贈り物です。60年代の終わりに、自分を安定させる何かを探し求めていたときにTMと出合いました。それは一生使える贈り物であり、必要なときに使うことができるものです」

「子どもたちは瞑想が大好きです。ウェストバンクの子どもも、ブラジルの子どもも、瞑想を喜んで行っています。TMは、誰もが必要としているものです。人びとは高潔な話を必要としているのではなく、実際の効果を必要としているのです」

☞　レイ・ダリオ（ヘッジ・ファンド・マネージャー）

「私が成功することができたのは、他のどの要素よりも、瞑想が一番大きな要因となっています」「ビートルズがやっていたので興味を持ちました。良いものかもしれないと思ったのです。それで始めたのですが、やってみたら実際に効果がありました」

日本でもソニーの創業者、故井深大氏や、東武百貨店元会長の故山中鏆氏、森永製菓元会長の松崎昭雄氏、アントニオ猪木参議院議員などたくさんの方々がTMを実践しておられます。また、京セラ名誉会長の稲盛和夫氏、船井総合研究所会長の故船井幸雄氏、鳩山由紀夫元総理大臣らがTMのよき理解者として知られています。さらに著名なサッカーチーム、ドルトムントもTMを導入しているそうです。

☞　ポール・マッカートニーが語るTM

長年のTM実践者であるデビット・リンチ監督が、やはりTMを続けているザ・ビートルズのポール・マッカートニーをインタビューしている興味深

い動画を次のURLで見ることができます。

http://tm-meisou.jp/paul-mccartney/

　この動画の中でマッカートニーは60年代、どのような経緯で瞑想と出合ったのかと聞かれ「そのころ、私自身は、あまり良い状態ではありませんでした。活動が多すぎて自分の中心が定まらず、何かを探していました」と答えています。おそらく、マッカートニーほど忙しいわけではないでしょうけれど、皆さんの中にも同じように感じられている方も多いでしょう。そして、ビートルズのメンバーはマハリシが町に来たときに会うのです。マッカートニーは次のように続けています。

　　「マハリシはとても愉快で魅力的でした。それで『これはやった方がいい』と僕らは言いました」

どのように感じましたか？　という問いに対しては次のように答えています。

　　「とても興味を持ちました。大きな静けさがありました。そして瞑想は、試してみる価値があるように思えました。マハリシはとても話が上手でした。瞑想はとても簡単で魅力的だと感じ、それで全員が納得したのです」

　難しく考えずにともかくやってみる。そして、「これはいいな」と直感したらそれを生涯、続ける。そんな彼らの生き方が感じられます。

(5) 科学的に検証されている

☞　短時間で深い休息が取れる

　TMのもう一つの特徴は非常に多くの科学的研究で裏付けられているとい

うことです。マハリシ総合教育研究所のウェブサイトには多くの研究結果が紹介されています。詳細についてはそちらをご覧いただきたいのですが項目のみ紹介しておきます。

☞ 短時間で深い休息

ハーバード大学医学大学院で行われた研究では、瞑想中と睡眠中の酸素消費量を比較して、休息の深さを測定しました。その結果、ＴＭを開始して10分以内に酸素消費量が平均16％減少することが分かりました。これは夜の睡眠よりも体が深く休んでいることを示しています。このような瞑想中の休息の深さは、他にも30件以上にわたる研究によって確かめられています。

☞ 心の健康の増大～PTSD、不安症、不眠症、抑うつ

1965年から1973年にかけてベトナムでの熾烈（しれつ）な戦闘に参加した米国の帰還兵を対象にした調査では、ＴＭを学んだグループは、PTSD、不安、うつ、不眠などに大幅な改善が見られ、3カ月後には帰還兵の70％が治療を必要としなくなりました。一方、一般の心理療法を受けた対照グループには改善は見られませんでした。

☞ 幸福ホルモンの増加～ＴＭ実践中のセロトニン濃度の変化

ストレスは、脳の正常な機能を阻害し、とりわけ「幸福ホルモン」と呼ばれるセロトニンを減少させます。セロトニンが減少すると、内面の幸福感が減少するだけでなく、偏頭痛、睡眠障害、不安、怒りの爆発、アルツハイマー病、摂食障害、依存症なども起こりやすくなります。抗うつ剤などによってセロトニンの量を人為的に増やしても、それは症状を抑えるだけで、本当の問題解決にはなりません。

それに対して、ＴＭは体に備わっている治癒力を目覚めさせ、脳の正常な

機能を回復します。その結果、TMの実践中には自然にセロトニンが増大し、さらにそれが1日中続くようになります。その影響は、内面の幸福感を高め、人生のあらゆる面を改善します。

☞ TMの影響——脳の発達を計測

TMを続けることは、健康、幸福感、自尊心、人間関係だけでなく、脳の発達に好影響を与えます。そうした効果は、脳波計を使って測定することが可能です。脳波計を用いることで、脳の特定の部位の電気的な活動が波の形で表示されます。脳の異なる部位から生じた脳波をコンピューターに送り、それらがどのぐらい似ているかを数学的に計算したものが脳波の同調と呼ばれます。脳波の同調は、脳の異なる部分が一つの全体として一緒に働いていることを意味します。脳波の高い同調を何度も経験すると、脳は次第に慣れてきて、瞑想が終わった後も脳波の同調が続くようになってきます。脳波の同調は、高いIQ（知能指数）、創造性の増大、感情的な安定性の増大、運動神経のより速い反応、倫理的な思考などに関係しています。

☞ 1パーセント効果

TMの素晴らしい点はこれを実践する人が増えるほど世の中全体が良くなるということです。これが有名なマハリシの「1パーセント効果」です。人口の1％に相当する人がTMを行っている都市と、そうでない都市の犯罪率の比較で、両者の間には明確な違いがあるのです。この研究結果と解説をマハリシ総合教育研究所のウェブサイトから引用しておきます。

研究結果

この研究では、1972年末までに少なくとも人口の1%がTMテクニックを学んでいる11の都市と、それと同等な人口、地形、犯罪統計をもつ、TMテクニックをしている人のほとんどいない12の対照都市と比較しました。11の対照都市のうち犯罪が増加した都市が8カ所ありますが1972年から1973年にかけて全体で平均8.3%の重犯罪数の増加が見られました。米国全州の犯罪統計をまとめた「FBI統一犯罪報告」によると、同じ規模の都市群のその年の犯罪の平均増加率は8.7%でした。

これに対して、人口の1%がTMテクニックをしている都市群では、平均8.2%の犯罪率の低下が見られました。対照都市と比較すると、これは相対的に16.5%の減少になります。二つの都市群の間のこの犯罪率の変化の違いは、統計的に偶然とはいえない大きな違いです（P＜.001共分散分析）。さらに、これらのサンプル都市の瞑想者の割合と犯罪率減少との間には、相関比0.66という統計的に有意な相関関係があることが分かりました。

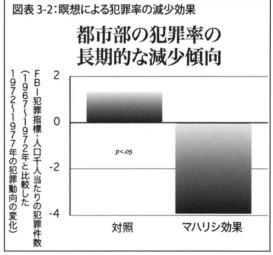

図表3-2：瞑想による犯罪率の減少効果
都市部の犯罪率の長期的な減少傾向

（出典：http://tm-meisou.jp/category/1-percent-effect/）

2. 瞑想の効果

(1) 瞑想による意識の拡大

☞　相対領域と「存在」

　ところでTMの日本語訳、超越瞑想の「超越」という言葉の意味についてマハリシ総合教育研究所のウェブサイトや書籍を参考にしつつ、私なりの理解を少しお話します。もちろん、頭で考えて分かるというものではないと「頭では」思うのですが、未熟な私のレベルではやはり言葉で理解するより仕方ないのです。

　マハリシは、人間が通常認識しているわれわれの周りの世界を「相対領域」であると呼んでいます。そこは「物質」と「心」と「意識」が作り上げている世界です。そして、その世界を支えている見えない領域があり、それが「存在」であるとしています。

　「存在」は、五感をすべて超えたところ、つまり、「あらゆる思考や感情を超えたところ」にあります。それは物質でもエネルギーでもない。われわれが知覚する現象の内側に隠れているのが「存在」であり、それが宇宙万物の根底にあるのです。そして、相対領域を超越して「存在」にコンタクトする方法がTMです。

☞　想念の源

　例えば、私たちが何かを考える過程を見てみましょう。心の表面は活発に動いています。しかし、深いレベルは静けさを保っているのです。ちょうど海に例えることができます。

思考は、意識のもっとも深い、精妙なレベルから始まり、それが展開するにつれて、だんだん粗大になって膨張していきます。そして最後に、意識の表面レベル、すなわち普通の思考レベルで認知できるほど大きくなるのです。つまり、心の奥底で発生した小さな泡が大きくなり、心の表面に到達すると、想念が想念として心によって認知される。それが私たちの行動を引き起こすというわけです。

　図表3-3で分かるように、Aで発生した小さな泡は、大きくなりながら表面Bに到達します。そうすると泡はすでに大きくなっているので、われわれはそれを想念として認知できます。

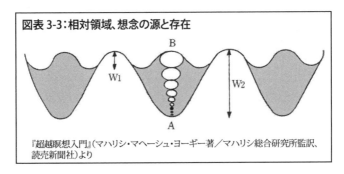

図表3-3：相対領域、想念の源と存在

『超越瞑想入門』(マハリシ・マヘーシュ・ヨーギー著／マハリシ総合研究所監訳、読売新聞社)より

　もし、Bよりももっと深いところで想念の泡を認識できるようになれば、最終的にはレベルAを通常の意識の範囲内に含めることができるようになるはずです。これができれば、通常の意識の範囲であるＷ１はＷ２へと拡大していくのです。

　心の範囲が「存在」へ向けて拡大するほど、意識がこの世の現象のすべてを包含するようになり、その結果、意識の力は強いものになっていきます。ちょうど、海の表面の波が深海の潮流と深いつながりをもつことで力強い波になるのと同じなのです。
　こうして、心の潜在力が完全に開発され、心の意識容量が最大に拡大されます。これを可能とする技術がＴＭなのです。ＴＭを行うことで、心は浮かんでくる泡をより深いところで認識できるようになります。そして、ついに

「想念の源」、レベルAが心の範囲に含まれるようになるのです。

　言い換えるとAには表面に現れるすべての想念が含まれています。その意味では最も小さなこの点に最も大きな世界が含まれているのだと思います。W1からW2へと想念の海を降りて潜っていくほどAに近付いていくことになります。これが意識の拡大なのだと思います。意識の時間軸と空間軸のなかで起こるすべてがここから展開しているのです。とても面白いのが想念の源というすべてを含む小さな点に近付くほど意識の時空が広がるということです。

　意識されている心が想念の最も精妙な層を超越するとき、それは相対領域を超えて「存在」のレベルに到達します。その「存在」のレベルの意識が超越意識と呼ばれる意識状態です。ここは最も安定していて、永遠につながり、すべての区別、分類を超えた状態といえるでしょう。

　心の範囲を超越したところを支配しているのは「存在」レベルの原理です。従って、心が超越意識を経験し、それに慣れ従うにつれて相対領域における活動も「存在」の原理にのっとったものとなります。表面の波が深海の潮流の影響を受けているのと同じです。だから、現実の生活でもより効率が高まり、一つひとつの行動が力強いものとなるのです。そして、目的を実現する可能性を高めることができるのです。

(2) 自分ごと感

☞ 「自分ごと」と「他人ごと」

　われわれ、自分のことは当然、「自分ごと」として認識します。しかし、他人のことになると程度の差こそあれ、「他人ごと」として感じます。しかし、他人にも自分との距離がさまざまあります。家族との距離はもちろん非常に

近いでしょう。親戚、友人、会社の同僚、人それぞれですが「自分ごと」感は少なくなっていくかもしれません。日本人の私は、オリンピックなどで日本の選手が金メダルを取ればうれしいと思います。しかし、外国人選手が優勝したときはそれほどの高揚感はないかもしれません。

意識の時空の広がりというのはこの「自分ごと」感の広がりといってもよいのではないでしょうか。自分との距離がある人に対しては他者への同情(シンパシー)が中心になりますが、自分に近い人ほど、相手への感情移入(エンパシー)があるのです。まさに「自分ごと」のように思うのです。このエンパシーの空間軸と時間軸の広がりがまさに意識の拡大であり、その対象が想念の源になるようです。

(3) 意識の時空を広げる

☞ 「いま・自分」という小さな箱から飛び出す

私などはとても「啓発」などという境地にはほど遠いのですが、それなりに長い間TMを続けていると、少しずつ意識の時間軸や空間軸が広がる効果を感じることはあります。つまり、「いま・自分」という小さな箱から意識が飛び出し「未来・世の中」というような広い視座が自分の中にできあがるのです。

自分のことだけでなく世の中のことが「自分ごと」のように感じられる。今のことだけでなく未来のことが「いまのこと」のように思えるのです。世の中のうれしいこと、悲しいことが「自分ごと」として感じられるということです。

朝夕の瞑想を続けるうちにふと自分と外界を隔てる枠が薄くなっていることを感じることがあります。その体験が繰り返されることでそれが実感として意識に浸透していきます。それは日常の生活でも維持されるようになりま

す。これが瞑想による意識の拡大です。

　意識が拡大することにより生活そのものがストレスに影響されにくくなります。いつも静寂な幸福感が心のなかに確立されます。そうなるとグローバル株式インデックス・ファンドを長期積立投資をすることも心から納得して受け入れることができ、マーケットの変動に惑わされず継続することが可能となるのです。

☞　**意識の拡大とストレスの関係**

　図表3-4の左側の図にある意識と書いてある丸を見てください。最初は時間軸も空間軸も原点に近い状態です。つまり、「いま・自分」という小さな箱に閉じ込められた状態だといっていいでしょう。しかし、瞑想を続けると少しずつ意識が広がっていくように感じます。左の図のAからB、そしてCにいくに従って右図の表面AからBへ、そしてCへと想念の源に近づいていきます。Bぐらいになるとかなり将来のことも視野に入り、また、自分のことだけではなく世の中のことも自分ごととして意識するようになります。さらにCのレベルに達すると時空の枠にとらわれない聖人の域に達しているといえるでしょう。

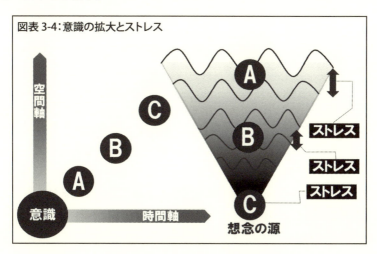

図表3-4：意識の拡大とストレス

A、B、Cと心が進化していくほどに心が落ち着いてきます。上の図表3-4の右図をご覧ください。Aの状態では海の表面の波のように心に大きな振幅があります。この振幅がストレスを起こします。しかし、B、Cと進むにつれて海の底の潮流のような流れになっていきます。心の波立ちもずっと減ってくるのです。

　言い換えれば広い心になるほど、だんだん、外部の刺激を受け入れるようになり、それゆえにストレスにも強くなる。これは本書でいろいろお話する内容に共通するとても重要な点です。

　下の図表3-5の左図にあるように小さな自分の意識にしがみついていると、ちょっとしたストレスにも弾き飛ばされてしまいます。しかし、同右図のように意識が拡大していると少々のストレスは逆に弾き飛ばしてしまう余裕ができるのです。生きていること自体がストレスの源泉です。ですからストレスを軽く受け流す意識の壁が大切なのです。

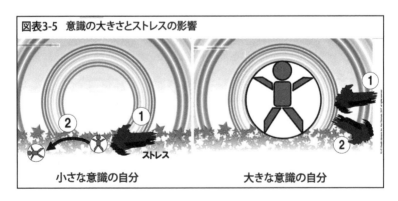

　結局、「いま・自分」という視座にしがみついているとどんなことも大きなショックを感じてしまいます。しかし、時空の意識が拡大するほどにそれらは実は小さな出来事であることに気づくとことでしょう。すべて大きな自分の中で起こっている小さな出来事として、あまりストレスとして感じなくなるのではないでしょうか。

3. ヴェーダ、老荘思想、和の文化と資産運用

（1）ヴェーダとは何か

☞　ヴェーダは古代インドの一大知識体系

　TMはインドに伝わる「ヴェーダ」の中の知識に基づくものです。ヴェーダは世界最古の文献といわれますが、誰か一人が書いたものではありません。自然界の現象とその法則性、そして生命とは何かを認知した非常に意識レベルの高い人々が、何代にもわたって同じように意識レベルの高い人々に伝えてきたものです。

　この知識は長い間、口承されてきましたが、紀元前1000年ごろから書物として残されるようになりました。これが「ヴェーダ文献」です。ヴェーダはこの被造界、つまり宇宙の青写真ともいえる一大知識体系です。

　その内容は宇宙の創造から人間の意識、数学、建築学、農業、音楽、天文学などありとあらゆる分野に及んでおり、この世に存在する自然界の摂理、法則が解明されています。医学のアーユルヴェーダ、占星学のジョーティッシュなどは日本でも有名です。また、TMをはじめとする瞑想やヨーガもヴェーダの一部です。

　長い年月の間にヴェーダの知識は散逸し、部分のみが誤って解釈されたり、伝承されたりしていました。それをマハリシが統合した知識の体系として現代に復活させたのです。TMもその中の重要な部分としてマハリシが現代に蘇らせ、全世界に広めた瞑想法なのです。

☞　ヴェーダの知恵が東アジアに伝播した？

　以下は私のイマジネーションです。インドに生まれたヴェーダの知識はアジア大陸を東に向かって広がっていきます。そして中国で紀元前500年ごろに老子と荘子が老荘思想として中国流の体系化をしたのではないでしょうか。

　実に老荘思想とヴェーダ思想は類似した部分が多いのです。これはマハリシも指摘されている点だと聞いています。そして、老荘思想は中国から日本に伝わり和の文化に強い影響を与えました。マハリシが日本の文化を非常に高く評価していたのも、そのような理由があるのかもしれません。

　マハリシが説くヴェーダの知識、老荘思想、和の文化は人生全体に大きな効果をもたらすものです。ですから、当然、人生を通じての資産運用にも非常に有益です。以下、それを解説します。

(2) なぜ瞑想で投資がうまくいくのか

☞　株価の動きは海の表面の波

　先ほど「想念の源」という言葉が出てきました。TMの先生から初めてこの言葉を聞いたとき、私は非常に大きな衝撃を受けました。何かが分かったというよりも、感じたのです。

　この世の中でわれわれが日夜体験していることは、われわれの想念の現れなのだ。その想念に源がある。長く株式市場で仕事をしてきた私は、直観的に株式市場もそうなのだなと思いました。株式市場では日夜、世界中の市場でさまざまな企業の株式が値上がりしたり値下がりしたり、あるいは動かなかったりしています。それぞれの動きには何かの理由があるはずです。

海の表面の波のように、数えきれないほどの要因がそれぞれの株価を動かしています。しかし、その要因は銘柄によってすべて異なります。例えば、ある銘柄はその国の金利が上昇したことがきっかけになって大きく動くこともあるでしょう。日本の経済・金融政策、企業収益、世界の経済状況、商品市況、さらには地政学的な状況、自然災害、技術開発など数えきれません。それだけではなく、その他無数の要因が動きを作り出しているのです。

　個別企業の株価の動きは表面の想念の波のようなものです。それぞれランダムに動いているようですが、その中で大きな影響を受けている共通の要因があります。例えば日本の時価総額最大の企業はトヨタ自動車です。ある日、何かの理由で日本の株式市場が大幅安をすれば、トヨタの株価も下がる可能性が高いでしょう。逆に市場が大幅高なら上がる確率が高いといえます。

　同時にトヨタの株価はトヨタ固有の要因でも変動します。例えば、トヨタの決算が非常に良ければトヨタの株価は上昇するかもしれませんが、その他の銘柄の株価が上がるとは限りません。つまり、株式の株価はそれぞれの企業固有の要因と市場全体の影響を受けているということです。同じように日本の株式市場は、日本固有の要因と世界全体の影響を受けています。

　日本の個別銘柄の要因をすべて集めたものが日本市場ですし、日本や米国、英国、ドイツなど先進国市場に新興国市場などすべてを集めたものが世界市場です。ということは、世界市場は世界中すべての企業株式のパフォーマンスを統合したものになります。

　2012年のノーベル生理学・医学賞を受賞した山中伸弥さんがiPS細胞を開発しました。たった一つの細胞は人体のすべての細胞や臓器に分化するのだそうです。iPS細胞は人体を構成するすべての組織に分化するわけで、これは人体の源です。その意味ではグローバル株式インデックス・ファンドはiPS細胞と同様、世界中の株式市場のリターンの源であるといえるよ

うに思います。

☞ 深海の潮流に投資をする

こうして表面の波から少しずつ海底に近づいていくほどに影響を与える要因は、大きくて力強いものになっていきます。そして、最後にいきつくところは、世界全体で企業が日々生み出している付加価値となり、それを表すものが全世界の株式をひとまとめにしたものということになります。

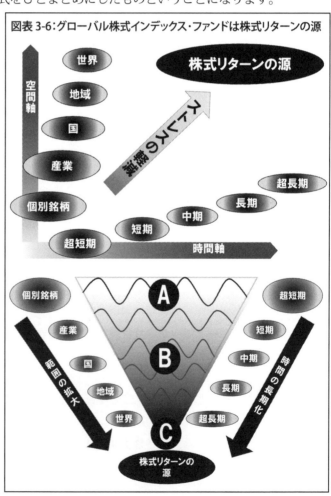

世界経済という深海の潮流に乗った投資をするのです。個別銘柄の株価を対象に投機をしたり、短期投資をしたりするのは非常に小さな時空の箱の中での投資です。徐々に長期で分散投資を進めるほどに図表3-6下図のAからCへ移行し、株式投資では究極的には世界中の主な株式をすべて保有する点に到達します。つまり、

それがグローバル株式インデックス・ファンドで、C点がそのリターンの源といっていいでしょう。

すべての株式市場の動きを統合したものが株式リターンの源です。それが国ごと、産業ごと、銘柄ごととさまざまに分化して株式市場でのそれぞれの銘柄の動きになっているのです。ですから、この株価変動というリターンの源に投資をしていれば、個別銘柄の変動のショックはすべてを含む全体のなかの小さな動きとしてとらえられ、ストレスに悩まされることも軽減されるのです。

☞ 意識の時間軸と空間軸を伸ばす

もちろん、株式市場はわれわれの目の前に現れているたった一つの現象でしかありません。自分を取り巻く環境も同じです。自分自身、家族、会社など組織の仲間、コミュニティー、国・地域などわれわれを取り巻く世界はいくらでも広がり、影響を与えています。さらに、人間だけでなく、動物、植物、地球、宇宙全体へと範囲は広がります。また、それは「いま」の状況だけではなく永遠の過去から、永遠の未来に続く広がりです。つまり、意識の空間軸と時間軸が無限に広がった意識、それが想念の源なのです。

時間軸を伸ばす、空間軸を広げることは人生でとても重要です。時間軸を伸ばすというのはそのまま長期的な視野で生きるということです。空間軸を広げるということは、世の中のためになることを考え行うということです。

第1章で述べたように、1枚100円ちょっとの板チョコも世界中の人々の協力の成果です。お金は世界をつないでくれています。それは、お金というご縁のネットワークがあるから可能なのです。また、投資とは時間をいかに使うかということです。つまり、お金や投資のことを深く考えることは「ご縁のネットワークの中でより良く生きる」ことを学んでいくことになるのです。

意識の広がりは生活の、人生のあらゆる面に良い影響を与えます。ですから、当然といえば当然なのですが、資産運用にも極めて有益なのです。つまり、長期投資、分散投資という資産運用で極めて重要な要素が瞑想の効果と合致しているのです。それは究極的には全世界の株式インデックス・ファンドを保有するということです。瞑想を長年続けることで自然に意識が拡大し、日々の株価の変動に惑わされず全世界の株式を長期で保有するという、人生を通じての資産運用が無理なくできるのです。

☞ 資産運用に役立つマハリシの言葉

　マハリシの言葉にはとても味わい深い、考えさせられるものがたくさんあります。ここではほんの少しだけ資産運用に有益な言葉を紹介しましょう。

> 　自然の法則はもっとも経済的に機能しています。それは静寂の中において機能しているからです。従ってわれわれもその静寂の中から行動を起こせば自然法にのっとった最も経済効率の高い行動ができるのです。

　とにかく、落ち着いた心で資産運用をすることが大切です。だから瞑想は資産運用に有益なのです。経済の大きな流れに資金を投じて、経済の拡大とともに資産を増やす。これが実は一番効率のいいシンプルな方法なのです。

> 　世の中で偉大なことを達成してきた人は、時間を大切にした人でした、この人生での時間は限られていますし、成就を得るには多くの進化をしなければなりません。そのために、時間という要素は、何よりも重んじなければなりません。

　個人投資家の持つ最強の武器は時間です。人生の中の働きの時代のうちに、遊びの時代に必要とする資金を増やしていかなければいけないのです。考えているばかりで行動しなければ何事も起こらず、最後は困ることにな

ります。

> どのような行動を始める場合でも、まずその行動の目的を心に定めることが必要です。

　資産運用でも目標をはっきり定めることが大切です。本書では退職後も生活水準が大幅に下がることがないように「購買力の維持＋アルファ」のリターンを得ることを目標としてお話しています。その手段として株式投資があります。その理由は、株式のリターンには物価の上昇分と生産数量の増加の両方が含まれているからです。

> 海は川の流れをそのままに受け入れます。どんな川が流れ込んでくるのも拒みません。しかし、それにもかかわらず海が揺らぐことはありません。安定した心の状態もそのようなものです。何ものにも決して左右されません。それは永遠なる平安の状態です。

　世界中の株式市場全体は大海のようなものです。各企業、産業、国・地域などから流れ込む支流をすべて受け入れて安定した状態にあるのが世界の株式市場です。グローバル株式インデックス・ファンドは世界の株式市場に連動したパフォーマンスをします。

> 行動が成功するためには、行動を継続することが大切です。そのためには行動する人が目的を固定しておかなければなりません。

　資産運用は始めることよりも続けることの方が難しいのです。しかし、続けなければ効果は出ないのです。

> ビジネスマンはよく「瞑想する時間がありません」と言います。私は「それでは、いつまでも奴隷でいなさい」と笑うのです。彼はせっかく主人になれるのに、そのために時間を使わないのです。（中略）何という生

命の浪費でしょうか。

　資産運用には時間はかかりません。しかし、多くの人が日常の出来事で忙しいことを理由に資産運用を始めないのです。将来の自分を支えてくれるのは今の自分しかいません。今の生活におぼれてしまい、将来の自分を奴隷にしてはいけないのです。

（3）老荘に学ぶリラックス投資

☞　老子、荘子という古代中国の大思想家

　古代インドで生まれたヴェーダの知恵は中国の老荘思想にも大きな影響を与えたのではないかと思います。私は太極拳を30年以上やっています。太極拳がよって立つのは老荘思想です。その影響で老荘思想には親しんでいました。そしてそれはマハリシが説かれるヴェーダの知恵と非常に似ているのです。

　老荘とは、老子、荘子という中国の二人の思想家です。彼らの思想体系は道家思想といわれますが、一般には老荘思想と呼ばれています。彼らが生きた時代、それは日本では縄文時代から弥生時代への移行期あたりでしょうか。そのころ中国では紀元前11世紀から続いた周の支配が弱まり、紀元前5世紀末までの春秋時代から戦国時代へと移行

図表3-7：老子と荘子

（イラスト：岡本和久）
拙著『老荘に学ぶリラックス投資術』（パンローリング）

しつつありました。非常に大きな変化によって強烈なストレスが発生した時代だったことでしょう。

老子は道家思想の開祖といわれています。その人生は謎に包まれていますが、紀元前5世紀末から4世紀前半に生きていた人ではないかと推察されます。荘子の方がもう少し人物像がはっきりしており、紀元前4世紀後半に生きた人ではないかと考えられています。

以下、拙著『老荘に学ぶリラックス投資術』（パンローリンク）から一部を紹介します。荘子はまず、こんな逸話から始まります。

☞ 時空の常識を超える

北の果てしない海に鯤（こん）という魚がいる。べらぼうに大きな魚だ。とにかく頭から尻尾まで何千里もある。この魚が変身すると鵬（ほう）という鳥になる。胴体は何千里もあり、翼を広げて飛び立つと地上は真っ暗になってしまう。

風が吹き、海が荒れる季節になると鵬は南を目指して飛び立つ。海面三千里に翼を羽ばたかせ、九万里の高さに舞い上がり、半年間、飛び続ける。地上では、かげろうが立ち、ホコリが舞い、生物の息がこもる。地上から空を見上げると真っ青に見える。地上と空の間に大きな距離があるので青く見えるのだ。はるか上空を飛ぶ鵬の目には地上が青一色に見える。

セミやコバトは鵬を笑う。「木の枝に飛びつくのさえ危険なことだ。失敗して地上に落ちることだってある。それなのに、はるか南に飛ぼうとするやつの気が知れない」。セミやコバトに、いったい、何が分かるだろうか。小さな世界に住むものには想像もつかぬ大きな世界がある。短い時間にとらわれているものは、大きな時間の流れを想像もできない。

> 小さな知識は大きな知識には及ばないのだ。(荘子、逍遙遊)

　度肝を抜くスケールの大きさです。このような時空意識の広がりを持って投資をすればいいのです。最後に出てくるセミやコバトは、まるでわずかな利益を狙って短期売買を繰り返している投機家のように見えます。

　老荘思想の中で資産運用に特に有益なコンセプトは「急がない」「欲張らない」「争わない」「考えすぎない」の四つではないかと思います。もちろん他にもよいヒントがたくさんあるので興味のある方はぜひ、拙著、『老荘に学ぶリラックス投資術』(パンローリング) をお読みください。ここではこれら四つの代表的なお話を紹介します。

☞　投資の成功法1「急がない」

　まず、「急がない」です。他人より儲けようとして短期で売買すると結局、大損をしたりします。

> 「企つ（つまだつ）者は立たず」(道徳経、第二十四章)

　人より高くなろうとしてつま先で立てば、かえって足もとが定まらない。人より早く行こうとして大股で歩けば、かえって足がもつれる。

☞　投資の成功法2「欲張らない」

　次は「欲張らない」です。大もうけしすぎると結局、それを失ってしまう。欲張ってはいけない。そこそこの利益で満足する、常に足るを知る、「知足」の心で投資にも望むべきです。

> 「金玉堂に満つれば、これをよく守ることなし」(道徳経　九章)
> 「足るを知る者は富む」(道徳経、三十三章)

> 「足るを知れば辱しめられず、もって長久なるべし」（同、四十四章）
> 「足るを知るの足るは常に足るなり」（同、四十六章）

☞　投資の成功法３「争わない」

「争わない」ではこんな話があります。

> 「蝸牛角上の争い」（荘子、雑篇）
> 　魏の国と斉の国は同盟を結んでいましたが、斉はその盟約を破りました。怒った魏王は、すぐに斉に攻め入ろうとしますが、賢者がそれを抑えます。「殿はかたつむりをご存じでしょうか。かたつむりの左右の角にはそれぞれ国があり、いつも戦っています」。王様は「ふざけるな」と怒ります。「いえ、これは冗談ではありません。この宇宙に窮まりがあるでしょうか。この天地から見れば、魏も斉も、かたつむりの左右の角のようなものです」。王様は大いに感心したという。（荘子、雑篇）

　蝸牛というのはかたつむりです。隣国を攻めようという王様に、「それはかたつむりの左右の角が争っているようなものだ」と賢者が諫（いさ）めたというお話です。

　一番上昇しそうなマーケットは、どこだろう。中国か、インドか、米国か、それとも日本か……。そんなことに頭を悩ませるのはムダです。なぜなら、先のことなど分からないのですから。今日のグローバル化した世界では先進国か新興国か、日本か、米国かなどというのはかたつむりの左右の角のようなもの。われわれが毎日使っている製品や商品は世界中から届いています。ですから世界中のマーケットに投資をしていればよいのです。私たちの生活を支えている企業すべてのオーナーになっているようなものです。

☞　投資の成功法4「考えすぎない」

そして最後が「考えすぎない」です。

> 「渾沌(こんとん)の死」（荘子、応帝王）
>
> 　南海、中央、北海にそれぞれ帝がいた。中央の帝は名前を渾沌といった。彼らはしばしば渾沌の領地で会合をしていた。「いつも混沌殿には手厚いもてなしを受けている。どうだろう、人間の顔には目耳口鼻の七つの穴があり、それで見たり、聞いたり、食べたり、息をしたりする。だが気の毒に、渾沌殿にはそれがない。ひとつ、お礼に顔に穴をあけてさしあげては」「それがよい」ということで話が決まり、二人は一日に一つずつ、渾沌の顔に穴をあけていった。そして、7日目、渾沌は死んでしまった。

　リラックス投資には、大量の情報も難しい知識も不要です。あまりに情報が多いと自滅してしまいます。

☞　タオのプーさんの教え

　ベンジャミン・ホフの『The Tao of Pooh』（日本語では『タオのプーさん』というタイトルで吉福伸逸さんが訳しています）という本に、とてもよい一節があります。これを老荘思想の締めくくりの言葉としたいと思います（翻訳は私です）。

> 　小川は森の果てに至るころには、ほとんど川といっていい大きさになっていた。小さな川だったときは、走り回ったり、飛び跳ねたり、しぶきを飛ばしたりしていたけれど、今は流れもすっかり落ち着き、ゆっくりと進むだけだ。自分がどこへ流れていくかを知っているから、「急ぐことはない、いずれしかるべきところに着くんだから」と自分に言い

> 聞かせるまでになっていた。

　表面的な知識ではない、本当の知恵が成長することでストレスのないリラックス投資が可能となるのです。

（4）和風資産運用のススメ

☞　多種多様な民族が溶け合って日本文化をつくった

　日本的な文化は、しばしば「和」という言葉で表されます。有名なのは聖徳太子（厩戸皇子）が604年に制定したとされる十七条憲法、第一条の「和を以て貴しとなし、忤うこと無きを宗とせよ」がその象徴でしょう。

　あくまで素人のイマジネーションなのですが、大昔、大陸や南方から海を渡っていろいろな人たちが日本列島に到達し、そこで国家が成立しました。ちょうど米国の成立とも似たようなことが、太古の時代の日本にもあったのかなと思います。国家が形を成してきたその喜びを込めて作られたのが、聖徳太子が制定したといわれる「十七条憲法」ではないでしょうか。

☞　和の文化はダイバーシティーとハーモニー重視

　「和」には多くのものを加えるという意味と、全体の調和を保つという二つの意味があります。つまり、ダイバーシティーを重視しつつ、かつ、全体のハーモニーをいかに達成するかがこの憲法の冒頭に込められたメッセージだったのでしょう。

　いろいろな民族がこの島国に集まり、そこで調和のある国家を統一していくという長い歴史が反映されているのかもしれません。多くの異なったもの、多様なものを受け入れ、それらを同化していく。融合していく。そこに調和

としての「和」が生まれる。大きな和と書いてそれが「やまと」であるという考え方は、これを表しているのではないかと思います。まさにダイバーシティーとハーモニーが和です。

異なった性格のものがたくさん集合してそこに調和を生み出す。これはまさに分散投資です。特にグローバル株式インデックス・ファンドはそのものズバリ、和を表したものです。

☞ 江戸豪商たちの経営哲学に学ぶ

時代を速送りして、貨幣経済が浸透した江戸時代に豪商たちによって形成された長期的な経営哲学も資産運用の参考になります。

「永代」という概念は、時間的な制約がないという意味だそうです。井原西鶴の『日本永代蔵』という本があります。永代は超長期、蔵は家の財産をしまっておく所、現代的にいえば資産運用の長期資産ということになります。つまり、永代蔵というのは長期投資のポートフォリオなのです。

老荘思想でも出てきた「知足」は日本でも重視されてきました。投資に当てはめれば大きく収益を狙わず、市場並みの収益で満足するということです。世界全体の経済成長程度の収益で満足する。もちろん、一発勝負で当たれば大きいでしょう。でも失敗するとダメージも大きいのです。それよりも平均的収益を長期間にわたって得ていけばいいのです。

また、「分限」という言葉もあります。一般には「身の程」というような意味で使われることが多いのですが、私はこの「分」は自分のシェア（分）だと思っています。つまり、自分が経済に投じた資金に相当する収益が分です。分限というのはその分を限りとして、それ以上を求めてはいけないという戒めではないかと思います。

分限は市場のもたらすリターンの自分の分け前を超えて得ようとしないこと、そして知足はそこそこのリターンに満足してそれを長く得ることで大きな富を築くということでしょう。

☞　今後の資本主義の在り方を示す「三方よし」

　江戸時代の経営哲学を端的に表したものが近江商人の「三方よし」です。これは今日、日本だけでなく、海外でもこれからの資本主義のあるべき姿として注目されている考え方です。

　つまり、あらゆるビジネスは売り手にとって良いことであり、同時に買い手も喜ぶことでなければならない。しかもそれは単に売り手と買い手が満足するだけのものではなく、世間、つまり、世の中にとって良いものでなければならないというのです。ここでも意識の拡大が大切になります。

　例えば、いくら売り手よし、買い手よしでも、取引をしている商品がクラスター爆弾だったら世間よしとはいいません。ビジネスの取引は世のため、人のために良いことでなければならないのです。これはわれわれが個別の企業に投資をする際の指標としても大切です。

☞　お金は循環してこそ社会の役に立つ

　享保期（1716～1736）に活躍した思想家で石田梅岩（1685～1744）という人がいます。彼の思想体系は石門心学として知られています。梅岩が好んで弟子に聞かせたのが、青砥左衛門藤綱の「天下のために十銭を惜しむ」（太平記巻35）というお話です。

> 　藤綱が鎌倉の滑川に十銭を落としたのを知って下僕に五十銭を渡し、「これで松明を買ってその十銭を探し出せ」という、それをいぶかった同僚に、藤綱は「落とした銭十銭は天下の富である。その銭十銭をいま、

> ここで探さなければ、滑川の底に沈んで永久になくなってしまうだろう。私が松明を買わせた五十銭は商人の家に長く残っていることになる。幸い見つかったので彼と我とで計六十銭で一銭もなくなっていない。これはなんと天下の理ではないか。たとえ十銭が見つからなくても、天下の富、公共の財貨を大切にする心根を失いたくないものだ」と答えた。

彼はお金が循環することがいかに大切かを知っていたのです。まさにお金は天下のものなのです。それを自分の懐の中だけに閉じ込めてはいけないということをよく分かっていたのだと感心します。ここにも彼の意識の広さが感じられます

☞ エドノミストの巨匠、二宮尊徳

二宮尊徳の積小為大という言葉があります。小さく積み立てて大をなす。まさに積立投資です。われわれの生活を支えてくれている世界中の企業に「おかげさま」という気持ちを込めて投資をする。そして「もったいない」という精神で無駄なコストは使わないということです。

また、尊徳は報徳の実践として「勤倹譲」ということを提唱しています。報徳というのはわれわれを生かしてくれている天地人の徳に報いるということです。報徳の実践が「勤倹譲」です。

勤労により富を生み出し、それを節度、分度ある消費をすることで余財を生み出す。その余財の使い道が「譲る」です。尊徳のすごいところは、この「譲る」を「自譲」と「他譲」に分けていることです。将来の自分のために資産を譲り遺す（自譲）であり、もう一つは村落経営のために、世のため人のために推し譲ること（他譲）です。

このような考え方は、マックス・ヴェーバーの『プロテスタンティズムの倫理と資本主義の精神』にある「天職に励め（できるかぎり利得をせよ）、でき

る限り節約せよ、できる限り他に与えよ、その結果、天国に宝を積む」という考え方と同じです。それに自譲という概念まで入れているのは、さらに進化したものだともいえます。マックス・ヴェーバーよりも100年近く前に生きた尊徳がこのような考えを持っていたというのは驚くべきことです。まさに尊徳はエドノミストの巨匠です。

☞ これからの資本主義の在り方を示唆する和風経済思想

　海外でしばしば「強欲」資本主義やただ、株価だけを追いかける超短期の取引などが問題になります。日本はその辺境性からかもしれませんが、歴史的に海外の文化を積極的に取り入れてきました。江戸時代にいわゆる鎖国はありましたが、幕末以降、海外の文化や技術が怒涛のように流れ込みました。その一部は見事に和風化されています。

　しかし、資産運用については欧米の知識を輸入し、そのまま使うことに専念してきました。もちろん、それは非常に価値のあったことだと思います。ただ、これからはもう少しアジア的な感性、特に日本文化の要素を資産運用に取り入れていくことが重要なのではないかと思います。

　日本文化の中心コンセプトである「和」の思想は先に述べたように多様性と調和、つまりダイバーシティーとハーモニーです。また、日本的企業経営の基本も長く世の中のためになることをすることにあります。一

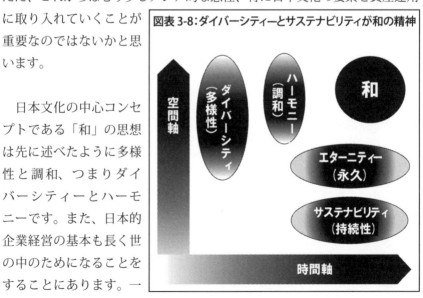

図表3-8:ダイバーシティーとサステナビリティが和の精神

代ではなく何代も続けて世の中のために尽くすことで富を積む。まさに永代蔵です。今日的にいえばエターナル・サステナビリティでしょう。

「いま・自分」だけが良いのではなく、「末永く・世の中」が良くなることに喜びという果実を求める投資家や運用者が増えてもいいのではないでしょうか。そして、和風の思想は今、限界が感じられる資本主義のこれからの進化の在り方を示唆するものではないでしょうか。永代に続く和の考え方、これもまさに時空意識の拡大です。

4. 瞑想と教育

（1）デビッド・リンチ財団

☞　デビッド・リンチ財団とは

2018年4月に、私は米国ロサンジェルスにデビッド・リンチ財団を訪問する機会を得ました。同財団は世界の教育現場にTMを導入する支援を活発に行っています。デビッド・リンチさんは言うまでもなく有名な映画監督で脚本家、ミュージシャン、アーティスト、俳優として活躍されている方で、また、TMの熱心な実践者であり支援者です。私がお会いしたのは同財団のロサンゼルス地域のディレクター、リン・カプランさんとTM教師のピーター・トリヴェラスさんでした。

リンチさんは同財団のウェブサイトで次のように述べています。

> 意識に基づいた教育法であるTMによって心の内側に飛び込んだ学生たちにはたくさん会ってきました。彼らはみな驚くほど満ち足りており、覚醒して、エネルギッシュで、幸福感に満ちており、創造的で、力強く、

知的で、平和的な人間でした。彼らと会うたびに私は意識に基づいた教育法こそ、学校にとっても世界にとっても大切だと痛感しています。しかし、意識に基づく教育法は贅沢なものであってはいけないのです。強度のストレスを受け、時に恐怖を感じつつ、危機状態の世界に住む子どもたちにとっては必需品なのです。

☞ 悩める米国の若者たち

米国においても青少年は多くのストレスにさらされています。そのいくつかをカプランさんが紹介してくださいました。

- 2時間に一人、米国のティーンエイジャーが自死している。
- 毎年、120万人の米国の学生がハイスクールからドロップアウトしている。
- 650万人が学習能力を損なわれる症状で苦悩している。
- 4人に1人のハイスクールの学生が校内で非合法薬を与えられたり、売り付けられたりしている。
- 70％の学生が必要なメンタル・ヘルス問題に対する助けを受けていない。

☞ TMが脳の発達を助ける

上記のような大きな問題は、脳が一番発達するティーンエイジから20歳前後に青年たちが非常に大きなストレスにさらされることに原因があるとのことでした。以下はカプランさんの解説です。

宗教と無関係で、ストレスを削減するTMテクニックにより「静寂な覚醒」を体験することができます。それによりストレスが軽減し、脳の前頭葉と他の部分とのコミュニケーションが改善します。それにより脳全体の機能が高まるのです。
その結果、瞑想をする学生たちは目的意識をしっかり持って、効果的

かつ長期的視野に基づく決断を行い、実行力のある行動を取ることになります。
　CEO（前頭葉のこと）が完全に他の部分とオンライン状態になり、外界への感情的反応がよりバランスの取れた適切なものになります。

☞　TM導入で大きな効果が見られる

クワイエット・タイム・プログラムを導入した学校では大きな成果が見られるとのことです。例えば、次のようなものです。

・高校卒業率が21％向上
・テストのスコアとGPAが10％向上
・高校生の出席率向上と退学率の減少
・ADHD（多動性障害）とその他の学習障害の減少
・ストレス、不安、うつ病などの精神的苦痛が40％減少

☞　ニュービレッジ・ガールズアカデミーを訪問

翌日、カプランさんに同行してもらいニュービレッジ・ガールズアカデミーを訪問させてもらいました。この学校はチャーター・スクールと呼ばれる種類の学校で2006年に開校され、9年生から12年生（中学3年から高校3年）を対象としています。チャーター・スクールというのは米国で増えつつある種類の学校で、保護者やコミュニティーの人々、教師などが目的を掲げ許可を得て設立される学校です。

ニュービレッジ・ガールズアカデミーではティーンエイジで母になっていたり、それまでの学校で苦しい思いをしていたりする女の子たちを対象に、それぞれに合わせた教育を提供しています。さらに伝統的教科の学習に加え、学生たちが健全に育つようコンサルテーションと支援サービスを行っています。ここでは瞑想をクワイエット・タイム・プログラムと呼ん

でいます。

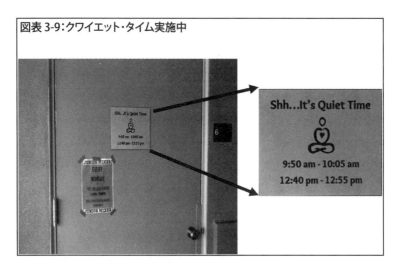

図表 3-9：クワイエット・タイム実施中

　平屋でとても明るい雰囲気の中、学生たちがのびのびと学んでいるのが感じられます。私も一緒にクワイエット・タイム・プログラムに参加させてもらいました。1日に2回15分ずつの瞑想です。まったく違和感もなくみんな静かに目を閉じています。クワイエット・タイム・プログラム中はこの写真のような張り紙が扉に掲げられます。プログラムが終わると「仕事をする上で瞑想がどのように役だったか」などいくつかの質問が生徒からありました。そして、みんな元気に部屋から飛び出してランチタイムに入りました。

　この学校に来ている子どもたちは決して裕福な家庭の子どもではないとのことです。実際にはとてもひどい環境から助けられてここに来ている子どもが多いようです。

☞　**ズィルマの場合**

　ズィルマは13歳で母親になった子どもでした。このアカデミーでクワイエット・タイム・プログラムと出合い、2013年にはカリフォルニア大学バークレー校にフル・スカラーシップ（全額支給の奨学金）を得て入学、現在は

キャンパスの外で娘と一緒に暮らせるように住宅手当を支給されているそうです。ズィルマのコメントを紹介します。

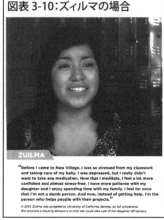

図表3-10:ズィルマの場合

ニュービレッジに来る前は、授業と育児でストレスが一杯でした。私は落ち込んでいましたが薬は飲みたくありませんでした。私は今、瞑想をしています。そして自信に満ちてほとんどストレスがありません。娘に対しても忍耐強くなり、家族と一緒にいることがとても楽しいのです。私はもう愚かな人ではありません。人の助けを受けるのではなく人を助ける立場になっています。

（Transforming Lives in LA Schools ［David Lynch Foundation］より）

（2）日本のテレビでも紹介されたマハリシ・スクール

☞ 世界の天才教育

2015年3月1日にテレビ朝日で「世界の天才教育、林修のワールドエデュケーション」という特別番組がありました。この番組でTMをカリキュラムに取り入れている米国の私立マハリシ・スクールが紹介されました。予備校講師で、テレビでも大活躍の林修さんが米国のアイオワ州にある同校を訪問し、リポートした番組です。

マハリシ・スクールは1学年およそ30名で全校生徒90名のハイスクールです。卒業生はハーバード大学、マサチューセッツ工科大学、スタンフォード大学、カリフォルニア大学バークレー校など超一流の大学に進学しています。また、受験だけではなく学生科学研究コンテストで低コストの3Dスキャ

ナーを開発して表彰された生徒もいたり、国際基準検定 TOEFL で満点を取りバブソン大学のビジネスコンテストで優勝者した学生も出たりしています。

☞　**特別な時間**

　このような素晴らしい成果を上げている理由として、生徒たちが口をそろえて言うのが、この学校の「特別の時間」です。それは瞑想の準備段階としてのヨーガを 15 分、呼吸法を 5 分行い、最後の 10 分間を瞑想するというものです。その効果は図表 3-11 のグラフに示されるように驚くべきものです。

　ジョン・レノン、ジョージ・ルーカス、さらにノーベル賞物理学者のブライアン・ジョセフソンなども瞑想を実践していることで有名です。スティーブ・ジョブズも「瞑想をすると直感が花開く」とも述べていたそうです。日本において瞑想を教育現場に導入するということに違和感や抵抗感があるかもしれません。しかし、子どもたちがさまざまなストレスで押しつぶされそうになっている現実を考えると、少なくとも真剣に考えるべき課題ではないかと私は思います。

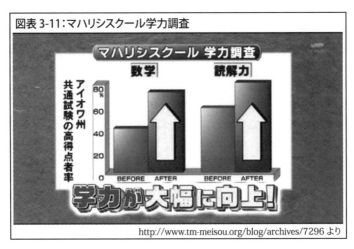

　日本語訳付のマハリシ・スクールの紹介はこの YouTube でご覧いただけます。

https://youtu.be/ZYtBlzgwQVU
また、このテレビ番組の内容はここでご覧いただけます。
http://www.tm-meisou.org/blog/archives/7296

☞ 瞑想とお金の話は禁句？

　現実に、日本の学校教育に瞑想を取り入れるとなると、幾多の困難があるでしょう。すでにカリキュラムは満杯で、新たに何かを加えることは難しいのが現実だと思います。また、瞑想に対する偏見もまだ大きく、それを学校で教えることのハードルも高いだろうと思います。

　その点はお金や投資の話と非常に似ています。金銭教育や投資教育の必要性がこれだけ言われていながら、それを学校教育に取り入れるのは大きな困難を伴うと言わざるを得ません。学校でなくとも、お金の話、投資の話というと拒否反応を示す人も相変わらず多いものです。みんな、お金のことは心配しているし、もっと知りたいと思っている人も多いのですが、とにかくお金のことは口にしてはいけないという雰囲気が強いのです。

　瞑想についても同じです。難しそう、怪しい、そう思っている人も多いのです。多くの人がストレスに押しつぶされそうになって、本音では助けを求めているのに瞑想ということになるとちょっとちゅうちょするのです。

　瞑想に対する誤った偏見を取り除くべく、私は自分が瞑想をしていることをできるだけ多くの機会で公言するようにしています。多くの瞑想者がそうしてくれれば偏見もなくなっていくでしょう。心からそう期待したいものです。

第4章　私の人生と瞑想

1. 15年サイクルの人生

(1) 第1期　戦禍が残る中の幼少時代（1946〜1960年）

☞　戦後の復興期

　私のこれまでの人生は、なぜかおよそ15年ごとに大きな転機を迎えてきました。まず、第1期です。太平洋戦争が終わったのが1945年、私はその翌年1946年に東京都目黒区大岡山で生まれました。戦禍はまだまだ町中に残っていました。両親は平和が永久に続くようにという願いを込めて私を「和久」と名付けました。両親と共に、私は慶応元年生まれの曾祖母に大事に育てられたようです。高齢のおばあちゃんに育てられたせいか、のんびり、おっとりした子だったようです。

　区立の小学校に入学し、6年生のときに東京タワーが完成しました。また、そのころから家庭に白黒テレビ、電気冷蔵庫、電気洗濯機という「三種の神器」が浸透し始めました。

　中学2年の時、つまり私が15歳だった1960年、新しい英語の先生が赴任してきました。その先生によって私は目が開かれた気がします。一つは英語です。英語に興味を持ち、放課後に先生にお願いして英語の原書の輪読会などをしたものです。

　もう一つは、この先生から平和の大切さを教え込まれました。中学最後の

授業のときに先生は黒板いっぱいに「Be a peace maker!」と書かれました。「平和をつくる人になれ」という教えです。これは私にとってある意味、生涯を通じての「考案」となりました。

☞ 視野に世界が入ってきた

こののんびりした坊やが英語に興味を持つことで世界が少しずつ視野に入ってきました。父が商社マンだったのでその影響もあったと思います。いつか、世界で仕事がしたいと強く思うようになりました。ある意味、私の意識の空間軸が少しだけ世界に広がった感じです。

夜、父の部屋から英語を音読する声が聞こえてくることがよくありました。また、父が電話で英語を話したりするのを見て「かっこいいなあ」と思ったものです。父は1952年に初めての海外出張で米国に行きました。そのお土産がみんなキラキラと輝いているように見えました。まだ見ぬ海外にますます憧れが強くなりました。

(2) 第2期　世界に飛び出す（1960〜975年）

☞ ベトナム戦争の米国、繁栄の日本、そしてオイル・ショックのブラジル

高校に入学してからも英語会に参加して英語の勉強は続けていました。高校3年のときに東京オリンピックがありました。そして、高校を卒業し、入学した慶應義塾大学をすぐに休学して父の転勤先のニューヨークへ行くチャンスに恵まれました。幸いにもコロンビア・カレッジが受け入れてくれそこで2年間、留学する経験を積むことができました。

それが1965年から1967年です。ベトナム戦争に米国が本格参戦したこ

ろです。戦況はどんどん泥沼化しました。ルームメイトたちは18歳になると徴兵局に行き、登録をしていました。男子は国民皆兵の時代です。ベトナムで撃ち合いをしなければならないかもしれないという不安の中で皆、勉強していたのです。

留学を終え日本に戻ると、まさに日本は「わが世の春」です。みんな、明るく楽しそうに、米国で悲痛な叫びだった反戦歌をかっこいいはやり歌として歌っていました。平和はいいなあと思ったものです。私はクラシカル・ギター・クラブに所属しました。その後、腕は上がらないもののクラシックギター演奏は生涯を通じての趣味になりました。

大学を卒業して証券会社に就職しました。多くの同期生が営業支店に配属となったのですが、私は国際的な資金調達の部門の勤務を命じられました。証券市場は株式を売買する流通市場だけではなく、あくまで「長期安定資金調達の場」であることを初心の身をもって学べたのはとても幸せでした。

まだ入社1年もたっていませんでしたが、エライさんに随行して中南米諸国に出張するチャンスに恵まれました。これらの国々に日本で債券を発行してもらい、当時、まだ1ドル360円だった円に対する切り上げ圧力を緩和したいという国策に沿った業務でした。さらに1973年にブラジルのサンパウロに転勤になりました。大学時代の1年後輩と結婚した直後、新婚早々でした。

サンパウロでオフィスの設立を不自由なポルトガル語で悪戦苦闘しているときに、第一次オイルショックが起こりました。日本の外貨準備も急減し海外の発行体に資金を貸し出す余裕もなくなりました。また、中南米諸国の信用度も低下し債券発行も困難になりました。結局、2年間、大した仕事もなく少々寂しい日々を過ごしました。

☞ **海外に舞台が広がる**

英語が好きになり少し世界に目が開かれ、ニューヨークへの留学、中南米諸国への出張、ブラジルへの赴任などこの時期は私自身が現実に海外に踏み出すことができました。米国という先進国と当時はまだ発展途上国だったブラジル、そして、ベトナム戦争と平和な日本、経済的にもニクソンショックやオイルショック、いろいろな体験をできた第2期でした。それぞれの地域にいろいろな人々が住んでいて、みんな、一生懸命働き、生活をし、家族を養っている。日本で海外のことを学ぶだけでは得られない実体験を積むことができたのはとても幸運でした。

　もっとも、ブラジル時代はビジネス面ではフラストレーションのたまる時代でした。同期の仲間がそれぞれの分野で活躍しているのを聞くと寂しい思いもしたものです。その中でも、サンパウロで異業種の楽しい仲間と知り会えました。みんな張り切って赴任してきたのに、することがなくなっていたのです。その仲間とは今でも年に何回かはブラジルレストランで飲み会をしています。みんな、すでに悠々自適の身分です。

　この時代、まだよちよち歩きですがともかく海外で生活し、海外でビジネスをすることを少しずつ体験する時代だったと思います。その点ではその後の私の人生の方向性を決めた時期だったのかもしれません。

(3) 第3期　証券アナリストの道を歩み始める（1975～1990年）

☞　ニューヨークでプロの証券アナリストに学ぶ

　1975年、突然、サンパウロからニューヨーク支店に転勤の辞令が出ました。正直言ってとてもうれしかったです。そして、そこで私は証券アナリストの道を歩み始めることになるのです。当時、今では伝説の投資家となった人たちが綺羅星のようにいました。そういう方々にあこがれ、胸を借りるつ

もりでぶつかっていきました。サンパウロでたまっていたエネルギーが爆発したのかもしれません。

何とかこの素晴らしい人たちと対等に仕事がしたいと強く思いました。そして、彼らのプロとしての知識をチャータード・ファイナンシャル・アナリスト（CFA）協会の受験プログラムで学べることを知り、この試験にチャレンジしました。苦戦しましたがようやくパスし1983年に晴れてCFAを名乗れることになりました。

☞　バブルの東京マーケットで仕事をする

結局、9年間ニューヨークで仕事をして1984年に日本に帰国しました。今度は米国だけではなく、世界中のお客さまと日本の機関投資家も相手にしての投資戦略策定と証券アナリストの仕事に従事することになりました。折からバブルが発生し、株価がどんどん高騰する時代でした。

米国で学んだ証券分析手法を日本の企業に用いて部下の仲間たちと夢中になってレポートを書き、各地でプレゼンテーションをして回りました。正直に本当に良いと思う銘柄や業界をリポートにしたので、それなりにお客さまには喜んでいただけるサービスができたと思います。

個別銘柄の日々の株価の変動はとても大きなものです。しかし、十分に分散された株式の集合体を長期で保有すれば、安定的な大きな収益を得ることができます。とにかく日々の株価の動きではなく、長期的な社会・経済の潮流に乗った投資戦略を国内外の機関投資家に提供することに徹したことで、それなりに評価をいただくことができました。

☞　プロの基礎となるのは倫理観

米国の証券アナリストやファンド・マネージャーと交流できたことは、私

にとって非常に大きな財産になりました。プロ中のプロの人たちのすさまじいまでのプロ意識に驚くとともに感銘を受けました。そしてすぐに彼らのようになりたいという強い願望が生まれました。

　CFAとして求められる「倫理」も私に大きな影響を与えました。プロというものは仕事の知識と経験は言うに及ばず、職業倫理がしっかりと根底になければならない。特にマーケットを相手にする仕事ではその基礎がきちんとしていないと表面的な動きに惑わされてしまうのです。

　アナリストという仕事に誇りを持ち、プロとして職業を愛し、その権威を高める仕事をしなければならない。時には組織の方針や上司の要請と相いれないことでも、本当にお客さまのためになることに徹する。なかなかできないことですが本当のプロの在り方を垣間見ることができたのは大きな財産になりました。

　CFA協会はそのような個人としてのプロの集団であり、企業で構成される業界団体ではありません。むしろ、企業からプロとしての個人を守る集団なのです。そのような後ろ盾があるからこそ、プロは本当にお客さまのためになることに徹することができるのです。

　プロの仕事は生活費を稼ぐためだけにするものではない。会社の利益のためだけのものでもない。お客さまのため、さらには真実、世の中のためになるためにするものなのだ、そんな強い自分の立ち位置を与えてくれたと思うのです。

(4) 第4期 転職して年金運用の世界へ（1990～2005年）

☞ 年金運用で投資顧問業界トップに

1990年に大きな転機がきました。20年弱勤めてきた日本の証券会社から米国の年金運用会社に転職したのです。実は、前職で私が書いた最後のリポートが日本の年金運用の在り方についてでした。人口構成から考えて日本の年金運用が、いかにこれから重要になるかという内容でした。

そんなときに米国で急成長している年金運用会社から、日本でビジネスを立ち上げて欲しいという依頼があったのです。サンフランシスコの本社を訪問し、トップから実務の人まで20人ぐらいと面談をして、心底感動しました。目からウロコが落ちました。日本の年金運用がこれからどうあるべきかという答えがそこにあったのです。これまで証券会社で働いてきたのは、ここに至るための道だったのだと気づき、即決しました。

準備を始めてようやく業務が開始できたのが1993年の春でした。その日は社員総勢3人でオフィスの近所にある東京大神宮にお参りをしたものです。当然、最初の何年かはかなり厳しい状態でした。折からのバブル崩壊で投資環境は最悪でしたが、私たちが提唱していた合理的な運用方針が徐々に受け入れられるようになりました。90年代の中ごろから大きく飛躍でき、2005年には投資顧問会社として年金運用で業界トップになることができました。

自分の中にだんだん達成感というか、満足感が高まってきました。それに気づいたときに、この会社での私の仕事は終わったと感じたのです。トップの人間が満足していては仕方がない。ここは自ら身を引いた方がいい。そう思って2005年に退職をしたのです。

☞　瞑想との出合い

　ところで、1990年ごろから始まった第4期にもう一つ大切な出合いがありました。それが瞑想でした。資産運用というのは変動激しい証券市場と対峙するとてもストレスの大きな仕事です。また、どの会社もやっていない革新的なことを行っていくのも強い逆風を真正面から受けるものです。

　そんな中で何とか生き延びることができたのも、今、振り返ると瞑想を続けていたことが大きな助けになったのは間違いないと思っています。仕事が大変だから瞑想を始めようと思ったわけではありません。しかし、もしかしたらそこに何か答えがあるかもしれないと感じていたのかもしれません。

　瞑想を続けたことで問題が解決したわけではありません。ただ、「環境は厳しくても、とにかく最善を尽くしてベストのことを続ければそのうちきっとよくなるだろう」というぐらいの気楽な気分になったのは事実です。それによって心に余裕ができ、また、それがお客さまと話をするときの自信になったということはあるかもしれません。

　正式には1991年から瞑想を学び始めました。最初は神道系の瞑想道場に通っていました。それなりに一生懸命取り組み、断食をしたり、滝行をしたりしました。出羽三山の修験道修行の旅にも4年、続けて参加したりしました。しかし、だんだん私の中で、この世よりもあの世、物質世界よりも精神世界、体よりも心、仕事よりも霊的な修行が大切という基本的な考え方に抵抗感が強まっていくのを感じたのです。

　年金資産の運用というマーケットと向き合う仕事をしている人間としては、やはり現実の仕事や生活を無視するわけにはいきません。年金運用者は何十年も先に年金を受給する人たちのために働いているのです。「心と体を共に健康にして、エネルギーにあふれた人生を送ることこそ、この世に生まれてきた価値というものではないだろうか」「懸命に仕事をしながら無理な

く精神性を高めていくことはできないのだろうか」「それでこそプロとしての責任を全うできるのではないか」、そんな思いが私の心の中でだんだん膨らんでいったのです。

そんなとき、第3章でも述べた、TMという瞑想法を現代に蘇らせたマハリシ・マヘーシュ・ヨーギーの著書『マハリシ・マヘーシュ・ヨーギーが語る 聖なる意識の目ざめ』(青村出版社)という本に出合ったのです。まさにご縁の不思議でした。

そこで、123ページで述べたように『200パーセントの人生』という言葉に衝撃を受け、「これだ!」と感じて、1996年末にTMの瞑想法を学んだのです。

それ以来、原則、毎日、朝夕、瞑想を行っています。1998年には基礎的な瞑想の一段上のシディー・コースを修了し、2009年にはさらに上級テクニックの受講を終えました。妻もTMを始め、今では二人にとって毎日の生活の大きな糧になっています。

(5) 第5期 投資教育家の時代 (2005年〜)

☞ なぜ投資教育を始めたのか

2005年に年金運用業務を離れ会社を退職し、投資教育という仕事に専念することを決意しました。年金運用の時代に学んだことがあります。どのように合理的な運用手法でも、相場の環境によってうまくかないことがあります。それも長い期間続くことだってあります。そんなときに相場に合わせて投資手法を変えていくのは最悪です。

投資手法は投資哲学に根差したものでなければなりません。顧客が運用会

社を採用するのは、その哲学を採用しているのです。相場に合わせて投資手法を変更するというのはまさに根無し草の運用です。それはスタイル・ドリフトといって運用でもっともよくないことなのです。

お客さまが投資哲学をよく理解して、環境が良いときも、悪いときも運用を続けさせてくれてこそ本当の効果が出るのです。そのために必要なのが投資教育なのです。グローバルな組織の会長からいつも言われていたのは「初めてコンタクトしてから最低2年ぐらいは契約を結んではいけない」ということでした。2年かけて自社の投資哲学について十分に理解してもらえということです。その結果、同社は米国では極めて稀有なことなのですが、お客さまから一度も訴訟を受けたことがないというのが自慢でした。

個人投資家も自分の行っている資産運用に対する確信があってこそ、短期的な環境に左右されずに続けることができるのです。結局、長期の資産運用の根底をなすのは信念の共有なのです。そのためには本格的な、まっとうな投資教育が必要だと確信して2005年、私はI-Oウェルス・アドバイザーズ株式会社を設立して投資教育を始めました。

今日、さまざまな投資信託が存在していますが、それをどのように使ったらよいのかを誰も教えていない。これから長寿化の時代を迎え、一般の生活者も将来の自分は今の自分が支える時代がきているのです。そのための一助となる活動をしたいと考えたのです。

設立後、13年を経て現在は自主開催のマンスリー・セミナーを行っています。2005年10月以来、1回も休まずに続けているセミナーです。私の資産運用に関連した話に加え、毎回、さまざまな分野のゲストをお呼びしてお話を伺います。みんなが自由に発言し、交流できる小規模のサロン的勉強会です。同時に日本各地を訪問し、人生を通じての資産運用のお話をさせていただいています。

また、日本では子どもへの金銭教育がほとんど行われていないという現状を踏まえ、子ども向けのハッピー・マネー教室を学校、コミュニティー、企業などで行っています。これも15年ぐらいになります。最後により多くの方に長期投資を知って欲しいという趣旨でインターネットマガジンの「インベストライフ」（www.investlife.jp）を毎月発刊しています。このWEB媒体の雑誌はもともとは2003年1月に創刊されたもので有料の紙媒体の雑誌でしたが、現在は長期投資仲間を少しでも広げるために無料の情報誌として公開しています。これは社会貢献だと考えています。

☞ I–O の方程式

　当社の社名にある「I」と「O」について解説します。「I」はInside Wealth、つまり、内側の富です。「O」はOutside Wealth、外側の富。つまり、物心両面でのアドバイスをしていこうという願いを込めて付けた社名です。

　人生は「しあわせ持ち」になるためにあります。お金も大切ですが最終的には心の幸福感に変換されて初めて意味を持ちます。つまり、同じ1万円でも霜降りのステーキを食べるのと、発展途上国の子どものフォスター・ペアレントになるのとどちらが本当に大きな満足感、幸福感をもたらしてくれるかということです。

　もちろん、高級ステーキを食べるのが悪いわけではありません。しかし、5回食べるうちの1回をフォスター・ペアレントに回せば、トータルで見た幸福感はより大きなものになるのではないでしょうか。

　お金は幸福感に変換して初めて価値を持つのです。われわれに豊かさを与えてくれる富には、外側の富と内側の富があります。外側の富はモノやお金です。内側の富は心の中の富です。われわれの内側にある豊かさや幸福感です。言うまでもなく「しあわせ持ち」になるために大切なのは内側の富です。

では、どのようなお金の使い方をしたら幸福感が最大化できるか。そのカギになる要素が「品格」です。われわれの外側にある富はほぼお金に換算できます。ですから1円当たりの幸福感を大きくすることが内側の富を大きくするポイントです。私はこの1円当たりの幸福感を決定づけるのが「品格」だと思っています。

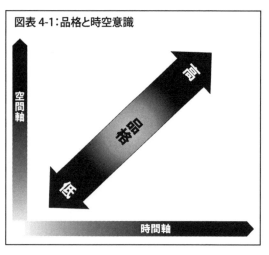

そして、品格こそ、その人の意識の時空の広がりです。「いま・自分」という小さな箱に閉じこもっていないでより広い空間軸の、より長い時間軸の視座を持つ人こそ品格のある人なのではないかと思うのです。

これらを考えるとこんな方程式が成り立ちます。

内側の富（I）＝外側の富（O）×品格

外側の富が大きくなるにつれて品格が下がっていくかわいそうな人がいます。そういう人は内側の富が増えないのです。つまり、「しあわせ持ち」への道を歩んでいないのです。

外側の富を増やすと同時に品格を高めることのできる人は内側の富がどんどん増えます。まさにマハリシが言う「200パーセントの人生」はこのことかもしれません。私は資産運用で富を増やすと同時に意識の時空を広げてゆくことこそ、「しあわせ持ちへのロードマップ」だと思います。まさに、品格がともなってこそ「しあわせ持ち」になる鍵なのです。そして、これこ

そI–Oウェルス・アドバイザーズが目指す「生き方」です。

（6）どうなる第6期？

☞　株価指数研究所の創設

　私は今、少しずつお礼奉公の時代に入りつつあります。その第一歩として2016年に二つの活動を始めました。一つは明治大学に寄付をして「株価指数研究所」を設立しました。代表には同大学の商学部教授、三和裕美子先生になっていただきました。

　日本では1878年に株式取引所が設立されたのですが、戦前の株価については統一された長期データがないのです。そこで明治大学の学生さんたちにアルバイトをお願いして、古い文献から株価をすべて洗い出してもらっています。

　近い将来には、1878年から今日まで一貫した方法で集計された株価指数が出来上がるものと期待しています。米国でそうであったように、超長期の株式市場のパフォーマンスが明らかになることで株式を長期に保有するメリットを心から納得できるのです。多くの方がその点に気付いてくれることを願っています。これは長年お世話になった証券市場へのご恩返しだと思っています。

　将来、この研究所のデータベースを外販することによって、さらに日本証券市場が質的に向上するための研究が行われることを願っています。そうすれば私がこの世を去った後にも、思いがつながっていくのではないかと考えるとうれしくなります。

☞　超越瞑想普及を支援する会

　もう一つ始めたのが、任意団体の「超越瞑想普及を支援する会」です。TMを受けたいのだけれど経済的事情で実現できない人のために私と妻で毎年、返済不要の奨学金を出しています。

　すでにTMの1パーセント効果については紹介しましたがこんな形で瞑想者が増え、それが社会に好影響を及ぼし、人々の心が静かに、穏やかになってくれればいいなあと思っています。

☞　社会貢献企業を目指す

　I-Oウェルス・アドバイザーズ株式会社そのものは、ますます社会貢献企業の色彩を強めていくつもりです。なぜ、NPOなどにしないのですかと時々聞かれますが、私は株式会社が好きなのです。証券市場で生きてきたということもありますが、重要なのは株式会社という形態が一番活動の自由度が高いのです。

　私の現在の夢は、人生を通じての「かんたんすぎる」資産運用を広め、子どもたちに正しい金銭・投資教育を行っていくことです。とはいうものの、一人の人間ができることには限りがあります。公的部門へ働きかけるのもあると思いますが、私個人としてはあくまで民間の草の根運動としてやっていきたいのです。横丁のご隠居のように目立たなくても多くの人たちの活躍を影で応援できればと思っています。

　ですから今後は、セミナーというよりも本当に人々のために役立ちたいという私と同じ志を持っている人たちのためにサロンを開催し、お互いに意見を交わし、学び合うという活動をしていきたいと思っています。そして、そのメンバーたちがまた、後継者を作り活動をさらに広げてゆく。大それた言い方をすれば、私のまいた小さな種が時空を超えて広がり、日本の、そして、

世界の生活者全体が少しでも経済的な束縛から解放され、豊かで幸せな人生を送れるようになることを願っています。

2. 私にとってのTM効果

（1）瞑想は人生の質を高める

☞　病に直面して

2012年8月29日のことでした。例年通り、人間ドックで検査を受けました。胃の内視鏡検査をしてくれた医師が結果を1枚の紙に手書きをして渡してくれました。そこには「胃癌」の二文字がありました。幸い比較的初期だったのですが、胃の3分の2を摘出することになりました。

それまで一度も大病をしたこともなく、また、入院をしたこともありませんでした。ショックだったといえばショックだったのですが、同時に何か不思議な高揚感が沸き上ってきたのを覚えています。おかしな話ですが新しい体験に対する興味があったのだと思います。

それから5日後、私は米国のフィラデルフィアにいました。近郊の町にある米国の大手投信会社、バンガードを調査するための出張でした。とりあえず胃がんのことは横に置いておいて、とにかく調査に集中しようと思っていました。

とても内容のある充実した調査ができました。そして、今までさんざん世話になった、というより迷惑をかけてきた私の胃の3分の2に別れを告げることもあり、フィラデルフィアのおいしいものを思いっきり食べ、たっぷりお酒もいただきました。

そして帰国後すぐに手術。ありがたいことに手術は成功し2017年秋には術後5年を無事に経過しました。今、思うと冷静に事実を受け止め、その瞬間にできることに集中し、楽しむことができたのは今まで自分が生きてきた体験によるものだったのでしょう。特に、長年続けてきた瞑想のおかげではないかと思っています。

2015年には直腸にLSTとカルチノイドという潰瘍（かいよう）が見つかり2回入院、さらに2016年の春には重症筋無力症であることが発覚しました。これは脳の指令がうまく筋肉に伝わらない国家指定の難病です。現在も薬で治療を続けていますが、随分よくなってきたと実感しています。さらに2017年からは脊椎間狭窄症（せきちゅうかんきょうさくしょう）にも悩まされることにもなったのです。

これらの病が発見されたときも、特に動揺することもなく、ごく自然に状況を受け入れ必要な治療をしてもらいました。自主開催のマンスリー・セミナーも毎月発刊している「インベストライフ」も、これらの病気のときも一度も休まず続けることができました。

これもたぶん、瞑想による効果が大きかったと思っています。つまり、これらの病も海の表面の荒波のようなもので、私という人間のすべてがだめになったわけではない。できることを目いっぱいやっていればいいのだという思いが強かったのです。そのときに役立ったのが太極拳の教えでした。

☞ 太極拳の心術

私は40歳の年からずっと太極拳を続けています。素晴らしい先生に教えを受けることができました。同時に太極拳のよって立つところの老荘思想にも親しむことになりました。

私が教えていただいたのはかなり武術的な要素の強い太極拳だったのですが、あるとき先生がこんなことをおっしゃいました。「多くの人は手首を敵

に握られると注意がそこに集中して『自分は動けない』と勝手に思ってしまう。その結果、本当に動けなくなる。でも、手首以外の体はどこも束縛されていない。首以外はまったく自由なのだ。自由な部分を使えば簡単に反撃できるのだ」。

これも手首という小さな一点に意識が固まってしまっているから、本来自由な体の他の部分を見失っているのです。また、動きの中で束縛のある部分がどう変化するかも分からなくなっている。ここでも意識の時空の広がりが必要なのです。

病気も同じようなことがあるのでしょう。病気になると、体すべてがもうだめになってしまうと勝手に思い込んでしまうのです。いや、病気以外の体のほとんどの部分は自由なのだと思えば、そこで何ができるかが浮かび上がってくるでしょう。

もちろん、私が体験した病歴よりも、もっと、もっとひどい病状の方も多くいらっしゃるでしょう。ですから私は偉そうなことが言えないのは謙虚に認めます。ただ、それでもこのような体験で学ぶことも多かったのです。

☞ なぜ年金運用でトップの投資顧問会社になれたのか

私が年金運用に従事し、準備期間も含めて15年でトップの投資顧問会社に育てあげることができたのにはいくつかの要因があります。ひとつはバブル崩壊後、資産運用が非常に難しい状態になったことが挙げられます。それゆえにわれわれが提唱していた合理的な運用手法を多くのお客さまに採用してもらえたのだと思います。

それから素晴らしい仲間に恵まれた点も大きかったのです。私の目標は「競合するすべての他社よりも本当にお客さまのためになるサービスを提供することで業界トップになる」ということでした。

私は、採用に関しては常にそれぞれの分野で私よりもはるかに能力の高い人を集めてきたつもりです。私自身が組織の能力の天井になってはいけない、担当分野で素晴らしい能力を持つ人たちを束ねることこそトップの仕事であると考え、それに徹したことも良かったと思います。

　私は日本国内のビジネスを担当していましたが、非常にグローバルな会社でした。そしてサンフランシスコにある本社のトップに、いつも聞かされていたのが、「私たちは世界中の何億もの人々と何万もの組織のために、金融的束縛からの解放と自由の確立を目指します」という企業のビジョンでした。世界中の人がこれから何十年も先に経済的に困らないように、今、われわれがベストを尽くす。これはまさに意識の時空を大きく広げてくれるものでした。

　そのビジョンを一口で示すものが「We do well by doing good（世の中のために良いことをすればわれわれのビジネスもうまくいく）」という短い言葉なのです。年金運用を行うという仕事は今の自分が成功するためではない。会社が目先の利益を上げるためでもない。年金基金の運用がうまくいくことは大切ですが、究極的な目的は本当にお客さまのためになる運用をすることで、将来の年金受給者の方々が少しでも金銭的な束縛から解放されるということです。第1章で述べたように仕事とは「世の中に仕える事」です。

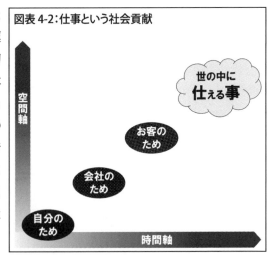

図表4-2：仕事という社会貢献

　このようなビジョンを何回も、何回も、毎日スタッフに繰り返し聞かせることで、その精神が自然に私と仲間たちの意識に浸透し、仕事をするときの意識の空間軸と時間軸が広がっていたのではないかと思うのです。

☞ 仕事を通じて世の中に笑顔を増やす

　自分の仕事を通じて笑顔の人を増やすことは世界平和への貢献です。第1章で書いたように仕事は六つの富のうちお金、楽しみ、社会貢献の三つが統合されたものです。これが仕事の三要素です。

　お金を稼ぐことは生活を営むために必要です。しかし、単にお金を稼ぐだけでなく、仕事を通じて社会貢献ができるということを実感できるのは幸せなことです。その結果、良い仕事をするために興味もわき、楽しみも増えます。

　若いうちは生活費もかかります。家庭を持てばことさらそうでしょう。子育ての費用、子どもの学費、住宅ローンなどがあります。仕事の三要素のうち、当然、お金の重要性が高いのですが、高齢化に伴い、楽しみや社会貢献の比率が増えてきます。

　私の場合、年金運用をしていた時代にグローバルな組織の中でトップから競争相手のどこよりも将来の年金受給者に良いことをすればナンバー・ワンになれるということを強調されたのは、本当に幸せなことでした。仕事も自分とか、自社のためにするのではなく将来の年金受給者のためにしているという具合に意識が拡大したのです。

　まさに、近江商人の三方よしです。「売り手よし、買い手よし」は通常のビジネスの世界です。ただ、その取引が武器や麻薬だったらそれは世の中のためになりません。その取引が「世間よし」でなければならないのです。

　仕事も「いま・自分」という小さな箱の中の発想から抜け出して「世間・永代」という時空意識の拡大が長期的な成功の秘訣なのです。

☞ 資産運用で成功する秘訣も意識の拡大

　それほど投資に習熟しているわけでもなく、また、それほど興味のない人でもこれからは「将来の自分は今の自分が支える」ために資産運用は不可欠です。今、もらっている給料は現在の生活費と退職後の生活費の両方の分なのです。

　そのための方法が先に解説した「かんたんすぎる」資産運用法です。復習すると、それは以下のようなものです。75文字の投資戦略です。

> 　全世界の株式インデックス・ファンドをできるだけ若いうちから、毎月、定期的に一定額を積立投資する、そして、それをリタイアするまで絶対にやめないで続ける。

　複雑な手法の枝葉は思い切ってばっさりと切り捨てています。銘柄選択能力も相場観も経済予測も不要です。

　しかし、年金運用や投資信託の運用のように他社やマーケットとの競争にさらされていない個人投資家の利点である「時間を味方につける」を最大限生かす手法です。これが長期積立投資です。投資の対象は空間軸を最大限大きくしてグローバル株式インデックス・ファンド。これこそ究極の株式分散投資です。そして、それを何十年にもわたって続けるのです。グローバル株式インデックス・ファンドを中心として資産全体を管理していくのが人生を通じての資産運用です。つまり、意識の空間軸は分散投資で、時間軸は長期積立投資で伸ばすのです。

　投資の時間軸と空間軸をイメージ的に示したのが次の図表4-3です。空間軸を見てください。一番、原点に近いのがごく少数の国内株式です。空間軸が広がるほどに銘柄数が増え、個別株のみではなく市場全体を買うインデックス・ファンドも対象に入ります。さらに、日本株のみでなく海外の株式も

対象として加えます。海外株式も数銘柄を買うだけでなく海外市場全体をカバーする全世界の株式インデックス・ファンドへと広がっていきます。

　時間軸も最初は数日間で売買するという短期投資、それが少しずつ伸びて1カ月、1年、そして何十年、さらには100年にも及ぶ超長期投資もあり得るのです。

　個別銘柄の短期投資はほとんど投機です。個別銘柄ではなくインデックス・ファンドを使って短期の売買をする人もいます。これは相場の短期的な変動に賭けている投資、あるいは投機です。これらは退職後のための資産運用には不向きです。投資対象は同じ全世界の株式インデックス・ファンドであっても、退職後のための資産形成は長期積立投資でなければなりません。図表4-3のボックスでいえば一番上の行の右から2番目あたりでしょうか。

　さらに、第5章で述べますが、本当にこれから100年にわたって良い世の中づくりに貢献してくれそうな企業に投資をすることも考えられます。これは退職後のための資産運用ではありません。次の世代、次の次の世代のための投資です。このような投資は図表4-3のボックスの一番下の行の一番右側に位置します。

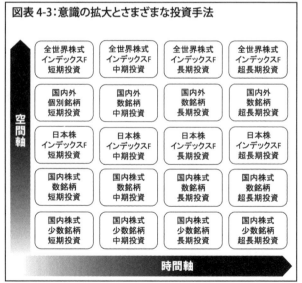

図表4-3：意識の拡大とさまざまな投資手法

第4章　私の人生と瞑想　183

☞　ジョン・テンプルトン卿の教え

　ニューヨーク時代に、私はとても光栄なことに伝説の投資家といってもよい故ジョン・テンプルトン卿を担当させていただきました。氏の思想などについては拙著『長期投資道』（パンローリング）に詳しく書いていますのでお読みください。

　テンプルトン卿に教えていただいた投資で成功するための三つの教訓があります。それらは以下のようなものです。

・雑事を離れなさい
・富を人々と分かち合いなさい
・祈りなさい

　雑事を離れるとは日々の細かい情報や仕事は忘れて静寂な心を保つことだと思います。事実、テンプルトン卿は雑音の多いニューヨークを離れバハマ島に引っ越していました。また、氏は基金を設け世界中の宗教の発展に貢献した人に賞を与えています。第1回の受賞者はマザー・テレサでした。そして、祈りなさいというのは瞑想に通じることだと思います。時空の意識を大きく広げて投資をすることが成功の秘訣だというのでしょう。

　テンプルトン卿の教えはテンプルトン・タッチといわれています。ギリシャ神話に出てくる物欲の象徴、ミダス王は手に触れるものをすべて黄金に変える能力を得ますが、それゆえに自らを滅ぼすことになります。これと正反対なのがテンプルトン・タッチです。テンプルトン卿は資産運用によって人々を幸福にすることを常に目指していたのではないかと思います。私にとってはとても大きな教えをいただけた方でした。

（2）世界平和は笑顔から始まる

☞　開眉仰月口

　太極拳を続けているおかげで老荘思想や道教の教えに興味を持ちました。道教に面白い話を見つけました。開運の秘訣に「開眉仰月口（かいびょうげっこう）」というのがあります。眉を開いて月を仰（あお）ぐように口の両端を少し上げておくと、とてもいい顔になります。そうするとみんなが寄ってきて笑顔になります。そういう顔をしていると幸運がやって来るのです。これは実感できます。

　反対は「寄眉覆船口（きびふくせんこう）」です。眉を寄せて、船が転覆したように口角が下がっている。こういう顔をしているとみんなが離れていって幸運も逃げてしまいます。

　多くの人は「あの人は笑顔だ。きっと何かいいことがあったのだろう」と思うでしょう。しかし、この教えは「それは逆だ」というのです。いつも笑顔でいるといいことが起こる。これは本当だと思います。私自身、他人に何か良いことをしてもらって「ありがとう」とお礼を言うときに笑顔になっていないことに気づくことがあります。注意している日常の習慣です。

　要するに人間が生きている目的は自分と縁のある人たちを笑顔にすること。その笑顔をどんどん増やすことが生き方だと思います。そうすると自分も世の中も「しあわせ持ち」に

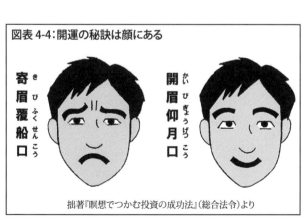

図表4-4：開運の秘訣は顔にある

寄眉覆船口（きびふくせんこう）　　開眉仰月口（かいびょうげっこう）

拙著『瞑想でつかむ投資の成功法』（総合法令）より

なれるのでしょう。こうして今の自分という小さな笑顔から始まって、時間軸も空間軸も広がった世界に笑顔がいっぱいになるのです。

☞ 世界平和は周りの人たちの笑顔から

中学時代、英語の先生に言われた「Be a Peace Maker」、平和をつくる人になれというのは私にとって人生の大きな「考案」です。では、国連にでも勤めようか、あるいは外務省で働くかなどとも考えました。

いろいろな可能性はあると思いますが、あるとき、気づきました。急に世界を平和にするといっても一人でできることには限界があります。それよりとにかく身の回りに笑顔の人を増やそう、その人たちがまた周りの人の笑顔を増やす。第1章で述べた一日一善も同じことです。みんなが一日一善をしたらあっという間に世の中が良くなります。

世界平和という大きな課題も結局、地球上の人間一人ひとりが周りの人を笑顔にしていくことから始まるのです。その笑顔のウェーブが長い時間をかけて世界全体に広がり、世界が平和になるのです。

最初からあきらめたら何事も始まりません。自分の小さな行為が、時間軸と空間軸をたどって世界平和につながっていくのです。考えてみれば平和が実現するにはそれしかないですね。

TMの1パーセント効果も世界平和への一つの道です。前述の妻と私で設立した「超越瞑想普及を支援する会」もそんな思いを込めて行っている活動です。世界平和に貢献というと特別の人しかできないと思いがちですが、まず、隣の人を笑顔にすることから始めるのです。

☞ 陰徳

　人が見えないところで徳を積む。これが「陰徳」です。一つ、とてもいい話を紹介しましょう。私の尊敬している方で国会議員などもされた方がいらっしゃいます。その方から直接聞いたお話です。

　その方はとても貧しい家庭で育ちました。小さいころは、朝夕、新聞配達をして家計を助けていました。朝、眠いのを我慢して新聞の配達をする。それから学校に行って、帰って来てからまた新聞配達をする。終わるともうクタクタです。

　新聞を届ける先におばあちゃんが一人で住んでいるお宅がありました。彼は学校から帰るとそのおばあちゃんの家に行きます。なぜなら、いつもおばあちゃんの家の縁側には新聞が置いてあったからです。彼はそれを読ませてもらっていました。彼の家は貧乏で新聞も取れなかったのです。そうして世の中の出来事を勉強させてもらっていました。

　その後、彼は大変な努力をして大学を出て大企業に勤めて成功し、国際的にも有名な人になりました。そして国会議員にまでなったのです。

　あるとき、田舎に帰りました。そのとき、すでに亡くなっていたおばあちゃんの法事が行われていたのです。彼もそこに出席しました。みんな、彼のような成功者が田舎のおばあちゃんの法事に現われたのでびっくりしました。

　みんな、彼のもとに寄って来て声を掛けます。「あんた、がんばったねえ」「郷土の誇りだよ」「苦学したかいがあったね」などと言われました。彼も「オレもずいぶん苦しい環境の中で、よくこれほど成功ができたと思う。苦労をしたけど本当によかった」などと思っていたそうです。

　そのとき一人のおじいちゃんが近づいてきました。「お前、あのおばあちゃ

んの家に新聞を届けていたよな」というのです。「ええ、届けていましたよ」と答えると、おじいちゃんが驚くようなことを言いました。「お前、知っているか。あのおばあちゃん、新聞は読んでいなかったんだよ。お前に読ませるために新聞を取っていたんだ」

「本当に何といっていいかわからなかった。自分の成功は、自分ががんばった結果だと思っていた。でも、実は自分の知らないところでたくさんの人に支えられていたことに気付いた。でも、お礼を言おうにもおばあちゃんはすでに亡くなっている……」その方はそう言っていました。

そのおばあちゃんは亡くなって肉体は消えても、誰にも言わずに行っていた善事は生き続け、立派な人間を育てたのです。そして今、この話を知った多くの人が自分もたくさんの人に支えられていることに気付く。おばあちゃんの素晴らしい生きざまです。これが陰徳です。こんなにかっこいい長期投資があるでしょうか。

実は自分が生きているのは、多くの人が「かげ」で支えてくれているからなのです。その「かげ」に尊敬を示す「お」と「さま」をつけて「おかげさま」というのだそうです。私自身、多くの方々のおかげでここまで生きながらえてくることができたと痛感したお話でした。

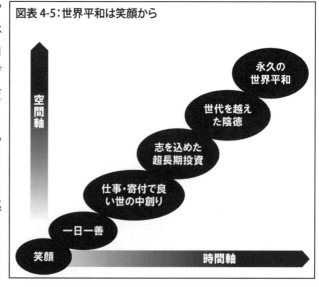

図表4-5：世界平和は笑顔から

陰徳を積むと天が味方してくれ良いことがたくさん起こります。笑顔は後から来るのでもいいのです。「積善の家に余慶あり」ということをいいます。陰に陽に良いことを続けていくと、後になってたくさんの良いことに恵まれるという意味です。一日一善の積立投資をすると後でとても大きな幸せがやってきます。

☞ いのちよし、地球よし、未来よし

近江商人の商売の原則、「売り手よし、買い手よし、世間よし」についてはすでにお話しました。私は意識の拡大の姿として「いのちよし、地球よし、未来よし」を「新三方よし」と名付けています。すべての生きとし生けるもの、動物も植物も与えられた命をまっとうできる世界、そしてわれわれが生かされている舞台である地球環境が良いこと、そして、その良い状態が永遠に続くという願いを込めての新三方よしです。

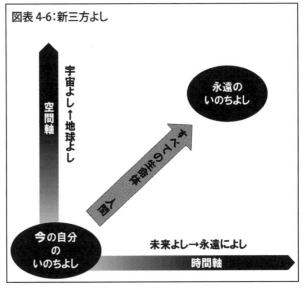

図表 4-6：新三方よし

私の残された時間をほんの少しだけでも「新三方よし」に貢献できるような活動をしていきたいと考えています。

中学校 3 年生のとき、尊敬する英語の先生の最後の授業で、先生が黒板いっぱいに書いた文字「Be a Peace Maker」、平和をつくる人になりな

さいというメッセージは結局、ご縁のある人を笑顔にして、自分も周りも「しあわせ持ち」になりなさいということだったのかなと思う今日このごろです。

第5章　遊びの時代〜「しあわせ持ち」へのロードマップ

1.「遊びの時代」のお金との付き合い方

(1) 定年前後から始まる変化

☞　定年とリタイアメントは違う

　一般に、定年とリタイアメントは同じような意味で使われていますが、この両者にはかなり大きな違いがあります。最近では変化してきましたが、日本には終身雇用という制度がまだ残っています。つまり、学校を卒業して、どこか会社に就職したらそのまま「終身」でその会社に勤めるという意味です。終身といっても死ぬまでというわけにはいかないので「年齢を定めて」その歳で退職してもらう。それが定年です。

　これまでの典型的な日本企業の場合、定年を過ぎて働くのをやめても、会社との関係、特に会社時代の交友関係はずっと続いていました。別にそれは悪いことではありませんが、定年後も一緒にゴルフに行ったり、カラオケをしたり、飲み会を行う相手は多くの場合、会社時代の友人です。

　会社においても、定年退職者のためにいろいろいろいろなクラブなどを設けているケースがあります。俳句の会とか、絵画の会、中には健康法の会などというのもあります。そして、人生を終わると、そのときの社長から弔電

がきたりします。良い悪い、好き嫌いは別として学校を卒業すると、ずっと会社とのかかわりあいが続くのが日本では多いのです。

リタイアメントは定年とは異なります。つまり、働くのをやめるのがリタイアメントです。それなりに退職後の生活を支える資金も準備できたので、働くのをやめること。だから「ハッピー・リタイアメント」といわれるのです。もっとも最近では、比較的高齢化が遅い米国などでも年金制度への負担が大きくなってきていることから「ワーキング・リタイアメント」というような言葉も生まれています。

☞ ポスト定年・プレリタイアメント

私はこれからの働き方として「ポスト定年」「プレリタイアメント」の就労が重要だと思っています。つまり、定年後も何らかの仕事を続けて収入を得るのです。現在の日本の平均寿命は男性で81歳、女性で87歳です。すでに第2章で述べたように、国民皆保険制度（任意加入）ができた1961年の65歳の男性の平均余命は約12年、女性は約14年でした。これが2016年には男性が約20年、女性が約24年となっています。つまり、65歳以降の人生が8〜10年伸びているわけです。

国としてもいろいろいろいろな手を打っていますが、国への負担が大きくなっていることは間違いありません。年金制度が崩壊することはないでしょう。ただ、制度がなくならないということと、生活が年金だけで賄えるかというのは別の問題です。今後も、年金は受給できるでしょう。しかし、受給できる額は小さくなりますし、その時期はどんどん遅れていくことになります。

☞ プライオリティーが変わる

定年、リタイアメントとステージが変わるにつれて、人生のプライオリティーが変わっていきます。すでに述べたように「働く」ということの要素

は「金銭を得る」「社会に貢献する」「楽しむ」の三つですが、定年を過ぎると「金銭を得る」という要素は減少していきます。

それをイメージ化したのが次の図5-6です。定年前の仕事には金銭的な要素が大きいのですが、ポスト定年、プレリタイアメント時代にはそれぞれが3分の1ぐらいでしょう。そして、ポスト・リタイアメントになるとほとんど「社会貢献」と「楽しみ」になります。

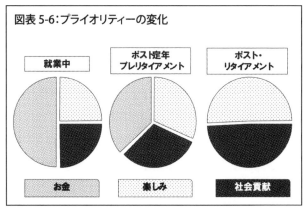

年金だけで退職後の生活が苦しくなりそうなら、若いうちから資産形成をする必要があります。同時に、定年を迎えても何らかの仕事を続けることが重要になってきます。もちろん、給料の額は小さくなるかもしれませんが、それでも退職以前に積み立ててきた資金を補うということでは、大きな意味があります。それには遅くとも50歳ぐらいからの準備が必要です。

ここで、第1章の「図表1-15」を再びご覧ください。ある程度の金融資産があると、それ以上、金融資産が増えても、それほど幸福感や満足感は増えません。定年後の「働き」は社会貢献の比率が高まります。つまり、世の中を少しでも良くし、困っている人のため、将来の世代のために役立つことで自分の幸せ感が増えていきます。もちろんお金を使わなくてもいい、ボランティア活動などでもいいのです。プライオリティーの変化に伴い、幸福感の中で「利他のリターン」の比重が増えていくのです。あくまで大切なのは幸福感の増大であり、単にお金を増やすことだけではありません。

2.「遊びの時代」をどう生きるか

(1) さあ、どうする50歳！

☞　遊びの時代のための準備期間

　豊かで幸せな「遊びの時代」を過ごすためには、「働きの時代」からの心構えと準備が必要です。特に、50歳というのはとても重要なポイントになると思います。本格的に「遊びの時代」に入るにはまだ少し時間があります。しかも、ちょうど100歳人生の折り返し地点です。

　サラリーマンであれば、今まで勤めてきた会社の中で、将来がだいたい見えてきます。給料もそれなりに増えていますが、物入りな支出も多くなります。体力的にもまだまだ元気ではあるものの、少しずつ体に変調が見え始めてきます。いろいろな面で、今までのようにはいかないというのを実感する時期になるのです。

　そのような時期に「遊びの時代」を豊かで幸せにするために、何が必要かを少し考えてみましょう。まさに50歳は遊びの時代への助走が始まるとき。そして、定年、リタイアメントを経て本格的な「遊びの時代」が始まるのです。

(2)「遊びの時代」の準備は現状の把握

☞　どんな準備が必要か？

　50歳から始める「遊びの時代」のための準備はある意味、生活全体の見直しです。まずは、お金の問題です。最初に必要なのは現在の資産、負債の

状況を明確に把握し、無駄と大きなリスクを取り除くことです。また、お金に関連して大切なのがポスト定年、プレリタイアメントの収入源を検討しておくことです。

お金以外では時間や交友関係という資産の投資、そして病気にならないための健康投資などに気を配ることも大切です。散々、こき使ってきた体には少しずつガタがくるころです。せっかく「遊びの時代」に入っても体が自由にならないというのは寂しいことです。さらに社会貢献も退職後の非常に大きな課題となります。「遊びの時代」は世の中から受けたご恩に対して奉公をする時代です。後の世代のために良い世の中を残す一助となるのも、大切な遊びなのです。

☞ 50歳からの資産運用は手遅れなのか？

50歳以降は、お金の現状を把握することから始めましょう。毎月の給料がどのように使われているか。特に固定費と思われている中に、実は削減できる項目もあるかもしれません。昔から入っているのだけど、自分でも加入していることを忘れている生命保険などの保険料はその代表でしょう。とにかく無駄な支出をできる限り削減し、貯蓄または投資に向けるべきです。さらに将来に向けて必要とされる支出、削減できる支出なども把握しておくことが必要です。

重要なのは現在の資産と負債の状況の把握です。どのような負債があるのか、その返済計画はどのようになっているのか。また、資産の棚卸しも必要です。銀行預金のように元本が変動しない資産、毎月積み立てているグローバル株式インデックス・ファンドなどが現時点でいくらぐらいになっているかを把握します

若いときからグローバル株式インデックス・ファンドのみをひたすら積み立ててきた方は問題ないのですが、すでにミドルエイジとなっているのに何

もしてこなかった方もいると思います。「もう、手遅れでしょうか」などという質問も多いものですが、手遅れであろうが、なかろうが、とにかく老後はやってくるのです。ですから定年、リタイアメントになる前に、できることをできるだけやっておくより仕方がないのです。

50歳は、まだ致命的に手遅れではありません。もちろん、私が推奨するように20代、できれば10代から積立投資をした場合と比べて大きな資産を形成することは困難でしょう。しかし、もう、手遅れだとあきらめて何もしないというのは、もっと手遅れになるだけです。まだ定年まで十数年あるのです。さらにポスト定年、プレリタイアメントの就労を考えればまだまだ手の打ちようがあるのです。

50歳から始める場合も20歳から始めるのと同じです。つまり、グローバル株式インデックス・ファンドの積立を始めることです。もちろん、つみたてNISAやiDeCoなどの確定拠出型年金の制度を最大限利用することです。できる限り節約して、収入の中で投資に回せる資金を最大限確保し積立投資をするのです。

一番危険なのは、短い期間でできるだけ大きくもうけようとすることです。「定年まであと何年」と思うとそれが脅迫観念となってしまい、つい、短期で大きくもうけることを狙う誘惑に負けてしまうのです。とにかく、今ある資金は虎の子です。欲張らず上記のようにグローバル株式インデックス・ファンドで安定的な積立投資を行うことです。そして、収入よりも恒常的に支出が大きくなる時期がきたら保有する資産の運用を続けながら長寿に備えられる金額を引き出していくことです。

☞ **コアとサテライト**

また、若いうちから積立投資を続けてきた人で、投資に興味を持ちグローバル株式インデックス・ファンドの積立以外の投資をしている方もいるで

しょう。グローバル株式インデックス・ファンドの積立投資部分は退職後の生活を支える中核的資産です。これを「コア」ポートフォリオといいます。これに対してそれ以外はあくまで付随的な資産です。これは「コア」に対して「サテライト」ポートフォリオと呼ばれます。ちょうど、コアが太陽で付随的な投資対象は惑星のようなものです。

これを図示したものが図表 5-2 です。真ん中の太陽がコアのグローバル株式インデックス・ファンドです。そして惑星のように太陽の周りにあるのがサテライトです。ここでは二つの例を挙げています。一つは世の中のためになる自分が応援したい個別企業の株式、もう一つは自分が気に入ったアクティブ運用の投資信託です。

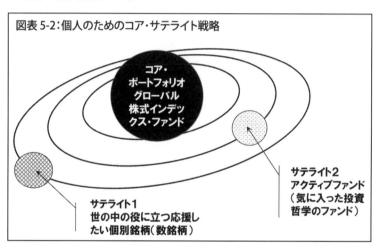

ひたすらグローバル株式インデックス・ファンドだけを積み立ててきた方は、それでまったく問題ありません。むしろ、最適な形になっているともいえるでしょう。しかし、もし、サテライト部分があるのであれば、次のチェックをしてみてください。

まず、最初に確認すべきことはコアとサテライトの資産額の比較です。当然のことながらサテライトがコアよりも大きいのは好ましい状態ではありません。サテライト部分は少しずつ売却し、コアであるグローバル株式インデッ

クス・ファンドに代えていくべきです。

　これとも関連しますが、サテライト部分はあくまで余裕資金の投資であるということです。仮に大きなロスが出ても、コアに被害が及ばないような金額にしておくということです。サテライト部分への投資金額が大きくなりすぎて万一の場合、退職後の生活の致命傷にならないような配慮は重要です。ともかくサテライトはあくまで付随的なものであることを忘れないでください。

　☞　**資産運用に手品はない**

　知っておくべき大切なことは、資産運用に手品はないということです。ここで解説したように、資金の流れと資産状況を分析することで現実が分かります。正直言って50歳から定年退職までに資産を3倍にも4倍にもするのは至難の業です。

　うまくいっても偶然的要素が非常に大きいといえるでしょう。同じぐらいか、それ以上の確率で大幅に資産を減らしてしまう可能性もあります。ですから、定年後もできる限り収入源を確保することが大切なのです。

　もう一度言いますが、「とにかく定年までに何とかしなければいけない。上がりそうな株式で一発勝負をかけて何とかしよう」というのは最も危険です。また、そのような思いがあると怪しげな話にも飛びついてしまう恐れもあります。ここは落ち着いて、自分が受け入れられる損失の可能性をよく判断しながら冷静な資産運用が必要です。

(3) 収入源の確保

☞　継続雇用、転職、起業

　これからの時代はポスト定年、プレリタイアメントの発想が必要だと述べました。つまり、定年を迎えてから65歳、できれば70歳以上まで何らかの形で働き収入を得るのです。それには継続雇用、転職、起業などの選択肢があります。いずれにしても覚悟が必要です。

　継続雇用は煙たがられる、転職は肩身が狭い、といって起業は簡単ではなく、どれも安易な道ではありません。だからこそ、50歳ぐらいになったら自分をよく見つめ、自分に合った選択肢を考えて置くことが重要になるのです。

☞　起業で成功するための4条件

　特に、起業で成功する条件を私は次の四つではないかと思っています。まず、得意の分野を持っていて、その分野で起業すること。次は見込み客、あるいは人脈を豊富に持っていること。3番目が固定費をできる限り抑えること。そして、最後が早期に収益化の見通しが立っていることです。これらの条件がきちんとそろっていないと、単なる金のかかる道楽になってしまうので要注意です。

　継続雇用、転職、起業、いずれにしても定年後もできるだけ収入を得る道を確保することは退職後を安泰に暮らす上ではとても大切です。それによって公的年金の支給開始を遅らせ、年金額を増額することもできます。

☞　年金受給を遅らせるメリット

　65歳から受給できる老齢厚生年金と老齢基礎年金は受け取る時期を遅ら

せるごとに1か月につき0.7％ずつ年金額が増えます。ですから例えば最大繰り下げ期間である5年間、支給開始を遅らせ、70歳から受け取ると42％年金額が増えることになるのです。

　もちろん、70歳になってすぐ命を終えることになれば、トータルでは損をすることになります。しかし、人生100年時代の今日、後述の健康投資をしっかり行い、そして定年後もある程度の収入を得られるようにしておけば、年金の受給開始を遅らせるというのは大きなメリットがあります。

　この制度は個人の置かれた環境によってメリット、デメリットが異なりますので実行する前に日本年金機構などに問い合わせてみるとよいでしょう。

（4）時間という資産の投資

☞　1日の時間の使い方

　われわれが持っている資産の中でも特に大切なのが時間でしょう。その時間という資産を、どのように使うかというのは非常に重要な問題です。人生100年といっても、厳然たる事実として残りの時間は減少していきます。その分、時間の価値が高まってくるのです。興味深いデータがありますので、ご紹介しましょう。

　総務省統計局「平成28年社会生活基本調査」にある50〜54歳の男女別生活時間に関する結果によると、男性が家事関連（家事・介護・看護、育児、買い物）に使う時間は1日35分、そのうち家事は14分となっています。一方、女性は家事関連が235分（家事は186分）で男性の7倍近くの時間を使っています。

　その他の分野を見てみましょう。例えば社会参加活動、ボランティア活動

関連などは男女ともに非常に少なく3分です。交際・付き合いも多くはなく女性で16分、男性で12分です。

特徴的なのは男性なのですが、50歳から54歳の男性は会社に行って家では食事をして、新聞・テレビ・インターネットなどを見て、後は寝ている時間が1日のうち8割弱を占めています。馬車馬のように懸命に働くのは分かりますが、男性にとってこれでは定年後、家庭でもコミュニティーでも居場所がないのは無理もないでしょう。ここでも意識を少し拡大しておくことが必要です。やはり、定年後を見据えてもう少し時間という限りある資産の分散が必要なのではないかと思います。

(5) お金以外の資産の運用

☞ 旧友との関係を復活、「新」友をつくる

交友関係への投資も50歳ぐらいからはとても大切です。特に、起業を考えているのであれば、現在所属する会社外のネットワークを広げておくことが成功するための重要な要因となります。起業を考えていない場合でも、定年後を楽しくアクティブに過ごすためには交友関係が大きな要素となるでしょう。

最近はSNSやグループ・メールなどを使ってバーチャルなネットワークをつくることも簡単です。SNSで何年もコンタクトのなかった旧友との出会いや、親しい関係が復活することもあります。

また、趣味、仕事、コミュニティー活動などを通じて、新しい関係が生まれてくることもよくあります。定年、リタイアメント後の新しい生活を考える上でも旧友ばかりではなく「新」友、新しい交友関係を広げることはとても大切です。交友の輪を意識して広げておくことがとても大切だと思います。

☞ お金のかからない趣味もたくさんある

　交友関係とも関連しますが、趣味に対する投資も50歳ぐらいから考えたいものです。定年までに、まだ10年から15年もあるわけですから、その間に趣味に時間を投資していけば、定年やリタイアメントを迎えたときにはその分野でかなり上達しているはずです。

　私の場合、40歳から50歳にかけていくつかの趣味を始めました。一つは川柳、もう一つは太極拳です。また、これは趣味といえるのかどうかは分かりませんが、このころから瞑想も始めました。友人からは「お前の趣味は金のかからない不況抵抗力の強い趣味だな」と言われています。確かに、川柳も太極拳も瞑想もお金はあまりかかりません。

　私は大学時代からクラシカル・ギター・クラブに所属をし、上達はしなくてもギター演奏をずっと楽しんできました。会社勤めの時代には海外勤務も長く、ギターを弾くといってもカラオケもまだなかった当時、飲み会で歌謡曲の伴奏をしていたぐらいでした。50歳を過ぎたころから先生について、再度正式に練習を始めました。今でもできる限り毎日ギターを弾くようにしています。

　交友関係を広げること、そして楽しめる趣味を持つこと、これらへの投資は50歳、あるいはそれ以前から心掛けておく必要があるように思います。「新」友との交際の広がりに加え、退職後の楽しみは昔の友人たちとの交わりです。「生存確認の会」などと称して飲み会を時々やっています。50歳でできた「新」友は70歳のときには旧友になっているかもしれません。

☞ 病気にならない健康投資

　言うまでもなく健康はすべての基本です。50代は仕事もまだまだ激務でしょう。定期的に人間ドックに入るなど、注意を怠らないようにしましょう。

私の証券会社時代の友人は「俺は人間ドックなど受けたことがない。入った途端にそのまま入院となるに決まっているから」などと冗談半分で言っていました。とにかく、ぶっ倒れるまで働くことにカッコよさを感じる時代だったのかもしれません。しかし、それはカッコ悪いことだと割り切ることが必要です。自分の体も心もいたわりながら、良い仕事をしていくことこそカッコいいのです。

　私は健康投資の一番の基本は次のことだと思っています。

　　早寝、早起き
　　腹八分目
　　酒はほろ酔い
　　色を慎め

　心身ともに休養を十分に取ること。とかく定年を迎えると時間が自由になることもあり、また、体力もそれほど弱っていないので突っ走りがちです。しかし、それが大きな病気を呼び込むことにもなりかねないのです。

　体のケアはラジオ体操、ストレッチ、真向法体操、太極拳、ウォーキングなど自分に合った、無理なく続けられるような運動を規則的に行うことが重要だと思います。私事で恐縮ですが、私の場合は30歳ごろから真向法体操、第4章で述べたように40歳から太極拳をずっと続けています。

　大切なのは、心の面でも毎日のケアが必要です。体も疲れているでしょうが、心も外部の刺激を受けて疲れているのです。体の疲れは寝れば回復します。しかし、心は寝ているときでも夢にうなされたり、寝汗をかいたり、ぐったり疲れて目を覚ますこともあります。睡眠とは別に毎日、静かな時間を持つことが大切です。

　体が疲れていたらダッシュはできません。脳も疲れていると効率的な回転

が効きません。心も疲れていると幸福を感じる余裕が生まれません。瞑想は効果が大きいですが、せめて静かな音楽を聴くとか、お経をあげるとか、書道、茶道などを楽しむとか、脳を休ませてあげる意識的な努力が必要だと思います。

☞　白湯をゆっくりすする健康法

　瞑想のご縁で私はアーユルヴェーダの名医、蓮村誠先生の脈診を長く受けています。毎回、何を注意すべきかを的確にアドバイスしていただいています。蓮村先生の言葉で非常に印象深く残っているものがあります。

　「二人のパティシエがいたとします。一人は美味しくないケーキ屋さんを訪ね歩いて勉強をしています。もう一人は美味しいと評判の店を探訪して腕を磨いています。皆さんはどちらのケーキを食べたいですか？」

　多くの人が後者といいます。

　「そうですよね。多くの西洋医は病気の人だけを診察して治療をします。私は健康な人を看てその人が病気にならないようにしてあげるのです」

　とても納得しました。ちなみに、先生お勧めの健康法は白湯をゆっくりと飲むことです。これだったら誰でもいつでもできるでしょう。

　大切なことはできるだけ病気にならないようにするということです。健康への毎日の投資が必要なのです。日々の疲れはたまっていきます。体と心の疲れが積み立てられるのです。そして、悪い意味で複利の効果のようにそのダメージは尻上がりに大きくなります。

3. リタイアメント後の資産運用

(1) 公社債投信に分散投資する

☞ 退職金の使い方にご用心

　定年退職を迎えると退職金を受け取る方も多いでしょう。その資金をどうするかは重要な問題です。一度にまとまったお金を手にすると、急に気が大きくなってしまう方も多いのです。今まで一生懸命働いてきた自分へのご褒美と迷惑をかけてきた妻へのお礼として世界一周クルージングに行く。それもいいでしょう。ただ、退職後の長い年月を支えるだけの経済基盤があればという話です。また、退職金で投機に走ったり、ハイリスク投信を買ったりしてしまうケースもあります。

　退職金が入金されました。銀行マンがすぐにやって来て勧められるままにキャンペーン中の3カ月定期に全額を入れました。3カ月後、キャンペーンが終了しており預金の金利は低金利に戻っています。そこで新興国通貨建て毎月分配型の投資信託を紹介されたりします。利回りも高く、しかも毎月分配金がもらえるのです。確かに過去の実績はそれなりにいいようです。「なんだ、そういうのがあるのか、それならそれにしておいて」ということで退職金全額を使って新興国通貨建て毎月分配型ファンドを買ってしまう人がいます。

　新興国通貨は非常にリスクの高い通貨です。また、毎月分配というのも、時には元本から払い出されているいわゆる「たこ足」配当のケースもあります。そのようなことを知らず、キャンペーン中の定期預金の延長で虎の子の退職金をリスクにさらすことになります。しかも、多くの場合、本人はそれを知らず、問題が起こってから慌てるケースが多いのです。

☞ 退職金を何に投資するか

　私の提唱する人生を通じての資産運用は、就業中はひたすらグローバル株式インデックス・ファンドをできる限りの金額で積み立てるというものです。簡単な試算をしてみると、仮に株式の平均リターンのうち物価上昇を上回る部分が年3.5％程度としましょう。ちなみに、これは過去50年程度の平均値の約半分です。26歳の人が65歳まで40年間、毎月2万円ずつ積み立てると65歳の退職時には約2000万円になっていることになります。しかも、これは物価上昇を加味していない金額です。現在、平均的な退職金が2300〜2500万円といわれていますから、その通りになるならほぼ就業中に積み立てた額と同じぐらいの資金が手に入るのです。

　退職金は原則、全額を公社債投信に投資することをお勧めします。公社債投信というのは債券を中心に投資する投資信託です。債券のリスクは株式よりも低いため、それらを組み入れた公社債投信のリスクは株式よりも低くなります。これによってリスクの高い株式と、比較的リスクの低い公社債投信をほぼ半々に持つことになり、ポートフォリオとしてのリスクを中和することができるのです。

　もし、株式の方が公社債投信よりも極端に多いようであれば、株式の一部を売却して公社債投信に移します。このようにリスクを中和するのは、株式の突然の暴落に備え、致命傷を負わないようにするためです。

　それでは退職金の出ない方はどうしたらいいのでしょうか。その方の収入にもよりますが、やはり50歳ぐらいからグローバル株式インデックス・ファンドに加えて、公社債投信の積立投資を始めておくべきでしょう。

　働いているうちは積立投資をしているので、一時的に株式が暴落すればそれは安く買えるチャンスなのです。しかし、リタイアメント後は話が違います。ですから全体による株式の比率を下げ、リスクを削減することが必要な

のです。

☞ 資金の引き出し方はどうする

　収入がなくなった人、あるいは収入が少しはあるけれども支出を賄うほどの金額を得ていない人にとっては、現在の資産を取り崩していくことになります。いろいろな引き出し方の方法はあるのですが、私は非常にシンプルな方法を提唱しています。

　毎年、いくらずつ引き出せばよいのか、私は以下のフォーミュラをおすすめしています。例えば、100歳まで生きると想定するなら次のようになります。

　　今年の引出金額＝
　　前年末のポートフォリオの時価残高 ÷（100 － 自分の年齢）

　つまり、75歳の人の前年末のポートフォリオの時価が2000万円だったとすれば、

　　2000 ÷（100 － 75）＝ 80

となり、80万円分の株式を売却して引き出すということになります。その年に株式が好調で50万円値上がりしたとすると年末の残高は株式の値上がり益、50万円と生活費として引き出した80万円を差し引きした1970万円となります。

　　2000 － 80 ＋ 50 ＝ 1970

　これが次の年の計算に使う時価残高となります。年齢は一つ増えますから

$$1970 \div (100 - 76) \fallingdotseq 82$$

となり引出額は 82 万円になります。これを繰り返していけばいいのです。もし、自分は 110 歳まで生きるというのであれば 100 の代わりに 110 を使えばいいのです。

売却対象は原則、株式とします。その結果、ポートフォリオに占める株式の比率が徐々に低下し、全体のリスクを引き下げていくことになります。

これは一般的なケースとして説明をしたものです。それぞれ、個別の環境によって方法は異なってきます。例えば財産の額、借金の有無、家族構成、遺産として残したい額、さらにその人の性格、人生観まで関係してきます。信頼できる独立系のファイナンシャル・アドバイザーなどの助言を受けることをお勧めします。

(2) 人生を超えた投資をする

☞ 志を後世の世代につなぐ超長期投資をしよう

一般に高齢になるほど、長期投資はできないと考えがちです。しかし、そんなことはありません。80 歳の人が今後、100 年、200 年にわたって平和な世界、良い世の中をつくってくれそうな企業に超長期投資をすることは大きな意味があるのではないでしょうか。ただし、これはあくまでサテライト部分の位置付けとなることに留意してください。

もちろん、株主の名義は直系の子孫であったり、法人であったり、信託であったりとさまざまでしょう。しかし、われわれが肉体を失った後もお金に込めた志というか、思いを伝えることはできるのです。そして、その思いはきちんと遺言などに記しておくべきです。

とてもそんな余裕がないという方も多いでしょう。しかし、少額でいいのです。例えば100年投資してリターンが年4.7％であれば金額は100倍になります。150年であれば実に1000倍近くまで増えるのです。ということは100万円の投資が10億円弱ということになります。

　その間にもちろん物価の上昇もあるでしょう。しかし、第2章で述べたように長期で見た株式の平均リターンは物価の上昇率を7〜8％上回っているのです。株式のリターンには物価の上昇分と数量成長（＋アルファ分）が含まれています。それを考えるとぴったり1000倍になることはなくても、かなり物価上昇を上回った実質リターンに近いといえるのではないかと思います。

　超長期の投資をするには当然、何百年も生き延びる企業に投資をすることが大切です。そのためには、その企業が世の中のためになる良いことを続け、生活者みんなに支えられ続けていなければなりません。そのような視点での投資は究極のアクティブ投資です。長期投資は一人の一生では短すぎるのです。このような視点で銘柄をどのように選ぶか、そのポイントを少し述べましょう。それに関連して出てくるキーワードが「ESG」です。

☞　ESGって何？

　近年、投資の世界ではESGという三つの要素が重視されるようになってきています。EはEnvironment（環境）、SはSocial（社会）、GはGovernance（企業統治）の頭文字です。気候変動、奴隷的強制労働、格差拡大、過大すぎる役員報酬など、社会が抱える問題一般を示しています。ESG投資というのは主として機関投資家がこれらの点を配慮して銘柄選択をし、また、企業に働きかけをしようという動きです。さらに「企業統治」では企業が誤った方向に進んだり不正を働いたりしないように、株主として働きかけることで世の中の諸問題の解決に資することを目的としています。

ESGという要素が今日、非常に大きな広がりを見せたきっかけになったのが 2013 年にロンドン年金基金オーソリティーが年金法に基づいて作成した投資原則書でした。その中に次のような文面があります。

> 「投資先企業における環境、社会、コーポレートガバナンス（企業統治）にかかわる最善の実務が最善の長期的利益をもたらすと信じる」

つまり、ESG の三要素に注目した投資は長期的なリターンが良いということをいっているのです。

ESG を視野に入れた投資をしようという運動は、1999 年に国連事務総長であったコフィー・アナン氏が企業の行動による持続可能な成長実現を提唱したことに始まるとされています。2006 年には責任投資原則（PRI）が発足し、投資に ESG 課題の考慮を求める原則を設定しました。その責任投資原則の主な趣旨は次のようなものです。

- ESG 課題を投資の意思決定と分析に組み込む
- 積極的な株主になり、ESG 課題を株主としての方針と活動に組み込む
- 投資先企業による ESG 課題に関する適切な情報開示を求める
- 投資業界がこれらの原則を受け入れ、実践するように促す

その後、世界の主要な機関投資家がこの原則を守ることにサインし、2017 年 3 月時点では合計 62 兆ドルの資金がこの原則に基づいて運用されているといわれています（水口 剛氏著『ESG 投資 新しい資本主義のかたち』日本経済新聞出版社より）。また、日本でも、2015 年に世界最大の年金資産である年金積立金管理運用独立行政法人（GPIF）が署名機関となりました。

☞ 世界が抱える問題

世界は多くの問題を抱えています。気候変動の問題では、温暖化がもたら

す海水面上昇、海洋の酸性化、海の表層での水温上昇、海洋生物種の分布変化、大雨の頻度や強度、降水量の増加、食料生産への影響などが深刻化しています。

人権問題については、2013年にバングラデシュの首都ダッカ近郊で起こった商業ビルの倒壊が世界の注目を浴びました。この事故で1000人近くの人が亡くなったのです。そのビルには欧米のアパレル産業向けの製品を生産する縫製工場が入っており、その従業員の多くが命を落としました。大手企業はサプライチェーンの劣悪な労働環境に目をつぶっているわけにはいかないのです。

格差も大きな問題です。世界の上位1％に当たる7000万の人が持つ富が残りの人々の富より大きい（2016年）、世界の最も裕福な8人が世界人口の半分に当たる最も貧しい36億の人々と等しい富を持つ（2017年）などということが報じられています。そして米国の主要企業を含むS&P500指数に採用されている企業のCEO（最高経営責任者）の平均報酬額は1350万ドルで、従業員の平均の3万6000ドルと比べて著しく高いなどのリポートもあります。

これらの問題に対する評価も含めて投資判断を行い、問題のある企業は保有しない、あるいは企業に働きかけ改善を要求するなどの行動を機関投資家が始めているのです。

☞ ESGとインデックス運用

これは個別銘柄を選択して投資をするアクティブ運用だけでなく、インデックス運用などにも当てはまります。ESGに関連する問題を解決していくことで世の中全体の質を向上し、成長性を高めトータルのリターンを向上していこうというのです。事実、インデックス・ファンドの雄、米国バンガード社でも専従アナリストをすでに30名程度採用しているという話を創業者の

ボーグルさんの講演で伺いました。

> 　私は常々、インデックス運用もコーポレートガバナンスの役割を果たすべきだと言っています。昔ながらの「気に入らなければ売ればいい」という「ウォールストリート・ルール」はインデックス運用には当てはまらないのです。インデックス・ファンドは株式を売却できないのです。
> 　経営陣が気に入らなければ経営陣を変えなければならない。インデックス運用者はこの問題にかなり真剣に取り組んできています。一晩で変化は起こりません。多くの課題があります。バンガードでは現在、30名のアナリストがいます。
> 　われわれは会社を経営しようとは思っていません。要するに株主の利益になるように企業を経営してもらいたいのです。経営者の利益のためになるようにではなくです。これが目標です。
> 　いずれにしてもインデックス運用者のコーポレートガバナンスへの参画が増えるのは不可避だと思います。コストですがバンガードの場合は巨額の費用を負担しています。しかし、これは投資家として社会に対する義務であると考えています。
> （2017年CFA協会年次総会での講演より）

☞ 本当に大切なのはディスクロージャー

　また、これらの問題にそれぞれの企業がどのようなかかわり合いを持っているかのディスクロージャー（情報開示）基準も制定する試みが続いています。これにより財務情報のようにESG情報も統一された基準が定まっていくことでしょう。日本でも前述のGPIFを始め、前向きな努力が続けられているのはいいことです。

　私は、ESGの持つ本当のインパクトは機関投資家の投資行動にとどまらないのではないかと思っています。つまり、社会の抱える問題に、企業がどのようなかかわりを持っているかが生活者全体に大きな影響を与えるのです。

生活者は消費者、従業員、そして、資本の出し手として三つの側面で企業とかかわっています。ESG情報が分かりやすく公開されるようになれば、消費者は消費行動にそれを反映させるでしょう。製品やサービスが提供されるまでにどのような問題が発生しているかも「見える化」されるのです。

　従業員も同じです。これらの情報が従業員の目に触れるようになれば、会社の方針がより良い方向に向かうように声を上げる人が増えることでしょう。また、就職先の判断も影響されると思います。ESG情報は投資のリターンを高めるためだけのものではありません。生活者一人ひとりが、企業を通じて住みやすい社会をつくるための鍵になる情報としての価値があるのです。もちろん、ECGは超長期投資の銘柄選定においては重要な情報になります。

(3) 遊びの時代こそ100年投資を

☞　ご長寿企業の基本理念は三方よし

　日本にはご長寿企業が非常に多いことが知られています。グロービス経営大学院著、田久保義彦氏監修の『創業三〇〇年企業の長寿企業はなぜ栄え続けるのか』（東洋経済新報社）という本があります。その中で一定の基準を設けてみると日本には500年以上のご長寿企業が39社、300年以上が605社、200年以上が1191社、そして100年以上が2万6144社あるとしています。また、後藤敏夫氏著『三代、100年潰れない会社のルール』（プレジデント社）によると、2009年時点で世界の創業200年企業のシェアは日本が43％と圧倒的に多く、次いでドイツが22％、フランスが5％と続きます。

　その背景には侵略や大きな内乱がなかったという歴史的な側面や、和、知足、勤勉などを徳とする考え方、もったいないという気持ちを大切にする文

化的な背景などさまざまな理由が考えられるでしょう。江戸期を見ると17世紀はおおむね高度成長期です。18世紀以降は人口も石高（こくだか）も頭打ちとなり低成長時代に移行します。同時にコメ本位の経済から貨幣経済へと大きな変化が起こりました。前半期に繁栄を極めた淀屋が五代目で闕所（けっしょ）、所払いになったのがちょうどこの時代の転換期でした。

その中で新興豪商たちは大きくもうけて目立つことがないように、少しずつ長期にわたって富を形成することを目指しました。まさに淀屋のレッスンからの学びだったのでしょう。そのための長期的な経営哲学が豪商の家訓などで多く残されています。末永く世の中に奉仕をして富を築いていく思想を、もっとも典型的に表しているのは第3章で述べた近江商人の「売り手よし、買い手よし、世間よし」という「三方よし」の哲学です。

このうちの「世間よし」こそまさにESG経営そのものです。海外の研究者などに「三方よし」の解説をすると彼らは、日本にはそんな昔からESGの考え方があったのかと非常に驚きます。それは今、まさに彼らが最も求めていることだからでしょう。結局、世の中のためになる企業でなければ長期間にわたって大きな利益を生み出すことができないのです。投機や短期投資はともかく、本当の意味の長期投資にはこのような経営を続ける企業が適しているということなのでしょう。ですから「遊びの時代」の100年投資もそのような視点で選ぶことが大切です。

☞ 長期成長企業選択のポイント1：需要がなくならない企業

前掲の『創業三〇〇年企業の長寿企業はなぜ栄え続けるのか』によると、業種別では衣食住関連の製造業が54％（酒、しょうゆ、菓子などの飲食業、呉服や枕、建設）、次に多いのが卸業、商社、百貨店の33％（時代に合わせて取り扱う商品が変わる）です。百貨店は呉服系で始まり、後に電鉄系が参入しました。そして3番目が工業品関連の製造業（9％）です。

江戸時代以前から続いているご長寿企業としては、剣菱酒造、虎屋、西川産業、養命酒酒造など今日でもなじみの企業が名を連ねていますし、さらに徳川家康、秀忠、家光の代に創業した企業となると竹中工務店、松坂屋、ヒサヤ大黒堂、ヒゲタ醬油、カステラ本家福砂屋、月桂冠、ヤマサ醬油など、われわれが日常でお世話になっている企業がずらりと並んでいます。

　また、欧州には伝統的なご長寿企業の団体、エノキアン協会があります。加盟資格は、①創業200年以上、②創業者の子孫が現在でも経営者または役員、③家族が会社のオーナーまたは筆頭株主、④現在でも健全経営を維持している、が条件となっています。

　欧州の伝統産業であるワイン、ガラス製品、宝石など40社が加盟していますが、日本からも5社加盟しています。

- 法師（有限会社善吾楼、創業718年、石川県小松市粟津温泉にある旅館）
- 株式会社虎屋（創業：室町時代後期、和菓子）
- 月桂冠株式会社（創業1637年、酒造業）
- 岡谷鋼機株式会社（創業1669年、当時は鋤（すき）、鍬（くわ）、草鎌（くさりがま）などの農具、くぎ、錐（きり）、小刀、おの、のこぎり、金槌（かなづち）などの、剃刀（かみそり）、はさみ、鏡などの家庭用品、刀剣類取り扱い。現在は鉄鋼、機械などを扱う独立系商社）
- 株式会社赤福（創業1707年、和菓子）

　どの会社もどちらかというとやや地味で、生活に密着していて、確かにこういう企業への需要はなくならないと思う企業が多いのです。安定的な需要があり、その分野で確固たるブランドと顧客層を持っている。これはとても大切な視点です。

　☞　**長期成長企業選択のポイント2：長寿企業を支えるピラミッド**

生活に密着した、需要がなくならない産業の中のどのような企業がよいのか、私はそれらは企業文化、人材と組織、技術ではないかと思っています。これらが超長期投資においてはもっとも重要な判断材料で、これらがご長寿企業を支えるピラミッドです。

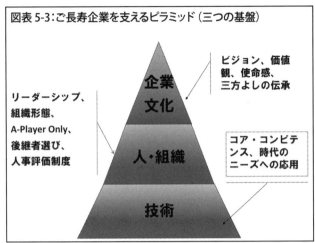

企業として独自の強みを持つ技術が必要なことは言うまでもありません。独占的技術で高シェアを持っているのが理想です。しかし、同時にその技術を時代の要請に合わせて活用していく創造性と柔軟性が必要です。

多くの企業が複数の産業分野に参入しています。人間と同じように産業にもライフステージがあります。それらは開発期、成長期、成熟期、衰退期です。企業はいろいろなビジネスをしていますが、それぞれ異なったライフステージにあるのが通常です。

開発期は今後、成長は期待されるがまだ不透明な部分が多いハイリスク・ハイリターンの分野です。成長期は売上数量がどんどん増えますが、同時に設備投資に多大な資金がかかります。しかし、それに成功し、大きなマーケットシェアを取ることができれば、成熟期になって大きな利益が得られます。なぜなら成熟期にはそれほど設備投資はいらないからです。その結果、安定的な収益を稼ぐ部門になります。そして、高シェア、成熟部門で生まれた収益の一部を将来のための研究開発投資へ、そして成長部門の設備投資に用いることになります。衰退期に入ってシェアも低い分野は撤退の対象となりま

す。こうして、企業の内部で資金が生まれ、投資されていくのです。

　このような理由から設備投資もそれほど必要ない成熟産業で高いシェアを持ち、そこで生まれたキャッシュフローを現在の成長分野で高シェアを取れるように投資をするのが良い循環なのです。さらに、将来の成長分野へも資本投下して研究開発を進めることが必要です。一見、成長性も少ない成熟産業で高いシェアを持っている企業は、将来の展開では非常に有利なポジションにいるといえます。

　組織は国際化の進む現代、決定と行動の迅速性に対応したものでなければなりません。これまでの日本企業は、社長という指揮者の下に従属するオーケストラのような形式のものが多かったのは否めません。これからはそれぞれのプレイヤーが異なった楽器を演奏するジャズ・コンボ型のものである必要があります。各人が各分野のプロとして目的のために最善の行動をとる。すべてのプレイヤーはＡ級プレイヤーでなければなりません。

　人で忘れてはいけないのは後継者選びです。まさにこれは企業が長く成長するためのカギだといってもいいでしょう。これで思い出すのは近江商人、中井源左衛門（1716～1805年）が書いた「金持商人一枚起請文」です。彼はこの中で「運という要素は確かにあって、国きっての大金持ちになるには一代では難しい。二代も三代も続けて立派な人物を輩出するのが、運というものだ。自家がそうなるよう願うのなら人に知られずに善事を尽くしていくよりほかに方法はない」（荒田弘司氏著、『江戸商家の家訓に学ぶ商いの原点』すばる舎）ということを述べています。要するに「陰徳」を積むことが必要だといっているのです。

　トップ・プレイヤーたちが腕を振るう場合、重要なことは何を目指して行動するかということです。それが企業のビジョンです。そのビジョンも抽象的なものでなく、明確な、魂に訴えるような、社会性を持った、誰もが納得できるものでなければなりません。そして、企業トップのリーダーとしての

最も重要な役割は、まさにそのビジョンを全社員に浸透させることに他ならないのです。

☞ 長期成長企業選択のポイント３：長寿企業はお金を生かす

成長にはお金が必要です。ここで重要な財務比率が株主資本利益率です。株主になるということは、企業のすべての資産から借金を返済した残りを保有するということです。それを株主資本といいますが、それが毎年、何パーセントの利益を生み出しているかを見る指標が株主資本利益率です。この比率はリターン・オン・エクイティ（ROE）とも呼ばれ、証券分析で最も重要視させている指標です。

株主資本利益率は二つの面で重要な情報を与えてくれます。まず、図表5-4の上半分を見ると分かるように、この比率は資本効率、収益性、税率、安定性などの指標に分解でき、長期にわたってこれらの推移を見ることによって企業の体質変化を読み取ることができます。

次に下半分を見てください。株主資本が生み出した利益の一部は配当金として支払われ、残りは内部留保となり、次の年の収益に貢献するということをすでに解説しました。

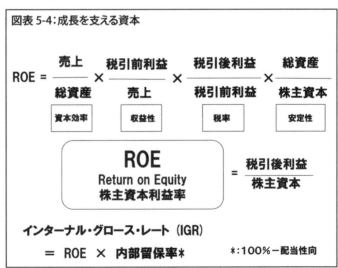

仮に株主資本利益率が変わらなければ、株主資本が増加しているので次年度の利益は増えるはずです。その一部が配当金と

して支払われ、残りが株主資本に加えられそれがまた次の年の利益になる。これが続いていくのです。要するに株主資本利益率に利益から配当金を支払った残りの比率を掛けた数値が、その企業が毎年の利益で実現できる成長率なのです。これをインターナル・グロース・レートまたは内部成長率といいます。

簡単な例を示します。第2章の図表2-5（80ページ）を参照してください。例えば株主資本が1000円、株主資本利益率が10%だとすると利益は100円になります。そのうちの半分の50円を配当金で支払ったとします。残りは内部留保となり、翌年の株主資本は1050円になります。株主資本利益率が一定なら2年目の利益は105円、その半分、52.5円を配当金にするなら内部留保を加えた株主資本は1102.5円になります。同じことを3年目についても行うと利益は110.25円、配当金は55.13円、そして翌年の株主資本は1157.63円となります。その次は利益が115.76円、配当金が57.88円、株主資本が1215.51円になります。

株式を買うということは企業の株主資本を買うということです。この例で見れば株主資本は1000円から1050円、1102.5円、1157.63円、1215.51へと増加しています。つまり、買った株式の価値がこのように毎年、5%ずつ増加しているのです。これが株式は「増価」証券であると述べたゆえんです。

このように利益も配当金も株主資本も毎年5%ずつ増加しています。それは株主資本利益率が10%で内部留保の率が50%だからです。その結果、インターナル・グロース・レートが5%となっている結果なのです。

☞ **株価をどう見るか**

超長期投資においては、株価の位置はそれほど大きな重要性を占めるものではありません。ただ、一応、知っておいた方がよいのは次の三つの指標ぐ

らいでしょう。これらの指標を市場全体や同業他社との比較、自社の時系列比較などで見ることにより中期的な株価の価値評価の判断になります。

ただ、株価がどう動くかという予測はできません。その中で価値評価基準はある程度、割高感、割安感のめどを教えてくれます。その点では役立ちます。買い付けの戦略としては、長期的な需要、ご長寿企業のピラミッドや株主資本利益率などで判断して「この企業なら100年後も子孫たちの生活をより良くしてくれるだろうと」と思う企業に目星を付けておくことです。

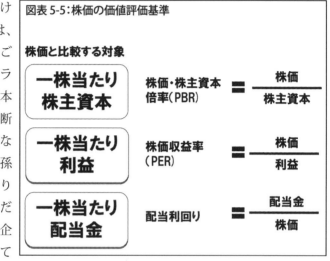

そして、その企業と関係ない理由で市場全体が大きく下げたときに買えばいいのです。そのチャンスをつかめばいいのです。その際にこれらの株価値評価基準は参考になると思います。

☞ 社長に手紙を書こう

ぜひ、超長期投資を行うときにお勧めしたいのが、投資先企業から配当金が送られてきたら社長にお礼の手紙を書くということです。実は私はこの運動を数年前からやっています。手紙を書くことで、自分がなぜこの企業に投資をしているかという意思を確認できます。また、このような形で投資先企業を応援すれば、企業もますます元気になります。日本中でそのような手紙

が行き交うようになれば、日本も元気になれるでしょう。

　手紙を出した人からいろいろな報告をもらっています。社長直筆で「社員全員に読んで聞かせました」「皆さんの期待に応えられるよう社員一同で決意を新たにしました」「身の引き締まる思いで読ませていただきました」などです。もっとも、中には苦情処理の係に回されたというケースもあったりしました。企業サイドの反応で企業の株主に対する態度も分かるというものです。

　超長期投資の場合は、自分が「なぜ100年という超長期投資で御社の株式を保有しているのか」という趣旨を書いておくべきだと思います。たった一枚のはがき、一通の手紙がその企業には大きな影響をもたらすかもしれません。そして、それが広がれば経済全体が活性化するでしょう。

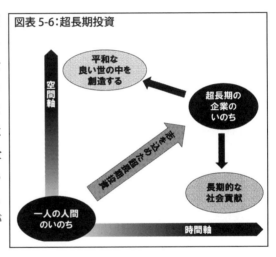

4. 幸福感が最大化するシニアライフ

（1）ほんの少しのお金で幸せがいっぱい

　☞　チャップリンのセリフ

人生の目的はお金持ちになることではなく、「しあわせ持ち」になること

です。お金はあった方がないよりはいいでしょう。しかし、また、お金があれば幸せかといえば、そうとは言えません。チャーリー・チャップリンの有名な映画、「ライムライト」の中に次のようなセリフがあります。

「Yes, life is wonderful, if you're not afraid of it. All it needs is courage, imagination, and a little dough.」

日本語に訳すとこんな感じでしょうか。「そうだとも、怖がらなければ人生って素晴らしい。必要なのは、勇気と創造力、そして、少しだけパン（dough）があればいい」

英語の「dough（ドウ）」というのは「パンやピザの生地」のことです。それでメシの種のお金を意味するようになっています。ですからたくさんのお金ではない、大切なのは勇気とイマジネーション、それに多少のお金があれば何も恐れることはない、人生は素晴らしいと言っているのです。

☞　楽しみは……

大金持ちになる必要はない。毎日ごはんを食べられるぐらいのお金があれば十分に「しあわせ持ち」になれる。そんなヒントになるのが橘曙覧（たちばなのあけみ）の「独楽吟」です。

橘曙覧は、江戸末期の越前の国（現在の福井県）に生まれた人です。若くして両親を失い、一時期家業を継ぐのですが28歳で隠遁（いんとん）。飛騨高山の田中大秀のもとで歌を学びます。その後も独学で歌人としての精進を続け、妻子を門弟からの援助、寺子屋の月謝などで養い、清貧な生活に甘んじました。

「独楽吟」はどれも「たのしみは」で始まり「……とき」で終わる52の句集で、天皇陛下が米国を訪問されたとき、ビル・クリントン元大統領が歓迎のスピーチでこの中の一首「たのしみは朝おきいでて昨日まで無かりし花の咲ける見

るとき」を引用したことで有名になりました。いくつかを紹介します。この句を詠んでいるとわれわれの周りが、幸せがいっぱいになると思います。

  たのしみは妻子（めこ）むつまじくうちつどへ
  頭（かしら）ならべて物をくふ時

  たのしみは空暖かにうち晴れし
  春秋（はるあき）の日に出（い）でありく時

  たのしみはまれに魚烹（うをに）て児等（こら）皆が
  うましうましといひて食う時

  たのしみは心をおかぬ友とちと
  笑ひかたりて腹をよる時

  たのしみは三人（みたり）の児（こ）どもすくすくと
  大きくなれる姿みる時

  たのしみは小豆（あづき）の飯（いひ）の冷（ひ）えたるを
  茶漬けてふ物になしてくふ時

  たのしみはほしかりし物銭（ぜに）ぶくろ
  うちかたぶけて買ひえたるとき

（2）華麗なる加齢

☞ 存在力が発揮されるプロエイジングな生き方

生まれた日から加齢という「進化」が始まり、それは人生最後の瞬間まで

続くものです。人生は最初から最後までが進化のプロセスです。ですから、アンチ・エイジングは進化に逆行するのです。エイジング（加齢）に逆らわないプロエイジングこそ正しい生き方です。

人類は生存の歴史の中で各年代に最適な力が発揮されるようにDNAをプログラミングしてきました。老後になると若いころにはなかった別の種類の力が生まれてくるのです。それも進化のために必要だから起こっている現象でしょう。その力が「存在力」。あるいは「人間力」といってもいいかもしれません。若いときの活動力とは違う、存在するだけでパワーを発揮できる存在力が出てくるのです。「存在力」は自分も他人も幸せにします。

生活、組織、金銭などの外的な束縛が減少するほどに束縛に対抗する緊張が弱まり、人間が本源的に持っている力が現れてきます。瞑想で五感を通して入ってくる刺激から離れるほど静寂な境地が現れてくるのと同じことです。to do, to have（行動や所有すること）ではなくて、to be（存在すること）。ただ、存在するだけで周りが元気になり、幸せになる、「居がい」というものでしょう。

☞ 高齢化の症状を前向きに考える

高齢化で生じる症状は世の中のために起こっているともいえます。人類の長い進化の過程で、高齢化したときに起こった方が人類のためになる現象が起こっているのではないかと思います。ですから、高齢化現象を前向きにとらえることが大切でしょう。私はこんな風に考えています。

　　高齢になると昔話ばかりをする　⇒　若者は昔のことを知らない
　　同じ話を何度もする　⇒　若者の記憶に浸透させる
　　物忘れが多い　⇒　「一期一会」の練習
　　出かけると疲れる　⇒　隠居として訪れてくる人の相談に乗るのる
　　耳が聞こえにくい　⇒　ネガティブな話はスルーしてしまう
　　小さい字が読めない　⇒　大局をとらえればよい

若い人にかなわないい　⇒　人類の進化と思う
　　面倒くさい　⇒　本当に大切なことのみをする

　高齢化に伴うこのような現象は人工知能（AI）では起こらないことです。半分、冗談ですが、だから私は高齢者とAIが手を組んだら最高の成果を上げられるのではないかと思ったりします。

　冗談はさておき、存在力とは、Do less, enjoy more（少ない行動でより大きな楽しみを得る）で生まれてきます。橘曙覧の句のように幸せはありふれたことにあるものです。

　そして、心地よい向かい風を楽しむのです。追い風は過去のしがらみを背中から吹き付けてきます。向かい風は過去を吹き払ってくれます。でも、自分が吹き飛ばされるほどの向かい風はよくありません。心地よい向かい風がいいのです。

　私が心掛けている禁句は「忙しい」「がんばる」「きつい」です。言い換えればこのような言葉が出ないような状態に自分を置きたいのです。齢70歳を超えて忙しいなどというのは恥であるぐらいに考えておくべきではないかと思っています。

（3）心の栄養になる言葉

　☞　ストレスは生きている証拠

　とは言いながらやはり、私のような凡夫には昔できたことができなくなることにはストレスも多少はあります。しかし、よく考えてみれば若いときはストレスがなかったかといえば、そんなことはありません。ある意味、生きていること自体がストレスの源泉です。生きていることは素晴らしいことで

す。ですからストレスはその素晴らしいことが起こっている証拠なのです。

　スタンフォード大学のケリー・マクゴニガル博士の『スタンフォードのストレスを力に変える教科書』（大和書房）という興味深い本があります。「ストレスを避けるのではなく、受け入れてうまく付き合っていくことでレジリエンスが身につく。『思い込み』を変えることで『身体の反応』を変え、『選択』までも変えてしまう」とあります。レジリエンスとは抵抗力とか、耐久力という意味ですから、ストレスにより強い生き方ができるようになるということでしょう。

　ストレスから逃げ回るのではなく、ストレスは生きている証拠だと思ってそれを前向きにとらえることで自分の生き方が良い方向に回っていく。われわれ、どうしてもストレスはよくないことだと思い込んでいます。その結果、悪い方向に自分が向かってしまうのでしょう。このようにストレスを受け入れ、やり過ごすということは、ストレスを雑念におきかえれば、瞑想にも通じる考え方です。

　私はこの考え方にとても納得ができます。生きていることは素晴らしいことだし、生きている限りストレスはあります。だから、ストレスは「生きている」という、とても良いことが起こっている証拠でもあるのです。

☞ 株式市場のストレスも、良いことが起こっている証拠

　マクゴニガル博士の本を読んで直観的に分かったのは、株式市場での株価の動きです。株価が大きく変動するのはストレスを生じます。値上がりすればいつ下がるか心配になります。反対に下落したときはもっとそうです。「どうなってしまうんだろう。本当に大丈夫だろうか」という不安がどんどん膨らみます。

　株価が大きく変動するのは事実、ストレスを生みます。しかし、この大き

な変動があるからこそ大きな収益を得ることができるのです。リスクとリターンのトレードオフというのはこのことです。逆に大きな変動を避けて預金だけをしていれば収益も小さくなってしまいます。

とにかくいろいろとストレスも発生しますが、これは将来の良いことにつながるかもしれなのです。ストレスを受け入れていくことが人生を通じての投資になるのです。将来、良いこととなって帰ってくるのです。投資ではハイリスク・ハイリターンといいます。人生ではハイストレス・ハイリターンかもしれません。

☞ リンボウ氏の減蓄

わが畏友、林望氏、人呼んでリンボウ氏は減蓄ということを勧めています。彼とは『金遣いの王道』（日経プレミアシリーズ）という共著もあります。彼は「夢はよく死ぬこと」だと言っています。そして、生は死を迎えて初めて完成し、「元気に死ぬ」ことこそ大切だとしています。そのためのポイントを次のように述べています。

・夫婦で話し合う「どうやって死のうか」
・貯蓄の反対概念としての「減蓄」
・自分がどういうふうに死ぬかという想定
・大事なものから処分する
・遺産ではなく遺言
・行動を減らす
・人間関係を減らす（隠居）
・外出を減らす（終の棲家にできるだけ長くいる）

(4)「死」はリスクではない

☞　薄紙を重ねるように

「死」はリスクではありません。リスクというのは不確実性をいうのです。誰でもみんな最後は死にます。ですから不確実性はありません。「死」はリスクではないのです。

もう一つ、確実なことがあります。それは今、この瞬間に生きているということです。不確実なのは、この生きているという状態がいつまで続くのかということです。ですから、この瞬間を大切にして今できる最善のことを続けていけばいいのです。

瞑想にしても資産運用にしても同じです。今日、現れる効果は薄い薄い紙のようなものです。でも、この「いま・生きている」という瞬間の連続の中で薄紙が重ねられ徐々に分厚い紙になっていきます。

☞　天からのイエローカード

がんの告知を受けたときに医師との間でこんな会話がありました。

医師：「岡本さん、今、日常生活に何か支障はありますか？」
岡本：「いえ、全然。何もありません」
医師：「では、それは病気ではないのです。ただ、症状があるということです。症状は治療して治せばいいのです」

病気が分かったときに、日本一の個人投資家といわれた故竹田和平さんがメールをくださいました。私の名前が和久なのでいつも「ワクワクの和久さん」と呼んでくださっていました。

和平さんからは「病気は天からのイエローカードです。『休む時間を与えてくれてありがとう』と病気に感謝すればいいのです」

図表5-7：日本一の個人投資家と言われた故竹田和平氏(左)と

竹田和平さんについてはこんな思い出があります。常々、和平さんは「ありがとう100万遍」とおっしゃっていました。年間に100万回の「ありがとう」を言うのだそうです。

1日当たり2740回です。仏壇に向かって唱え続ける。他人に会っても「ありがとう」。奥様が病気になられたときも、休むチャンスを与えられたと思って神仏に「ありがとう」を唱えたとおっしゃっていました。本当に感謝し、感謝される人生を送られた方だったのでしょう。

考えてみれば病気だけではなく、天からのイエローカードはしばしば送られてきます。それを受け止められるかどうかが問題なのです。それを素直に受け止め、自分の生活の中に生かしていけば結局、良い結果を生むことになるのだと思います。

☞ 困難は神様にチャレンジドとして選ばれた人のところに来る

旧厚生省から宮城県知事などを務め、改革派知事として名を馳せた浅野史

郎氏は2009年5月にATL（成人T細胞白血病）の告知を受け、生存期間中央値13カ月を宣言されました。そして、復活されたのち、私との対談で病気が分かったときの気持ちをこのようにおっしゃっていました。奥様に向かっての言葉だということでした。

「俺、この病気に勝つぞ！　いやでも運命はくる。良い運命ばかりではない。来たら打ちかえす。転んでもただでは起きない。病気になる人は神様に『チャレンジド（挑戦を受ける人）』として選ばれた人だ」

　病気にしても他の問題にしてもとらわれないことが大切です。そして問題に対処して適切な処置をすればいいのです。浅野さんはかつて厚生年金基金連合会で運用部長をされていたとき、運用受託者側だった私はとてもお世話になった方です。合理的なことをどんどん推し進められ、大きな改革をされたことを思い出します。

（5）長期投資は一生では短すぎる

☞　「しあわせ袋」を背に負って

　いつのころからか私は背中に「しあわせ袋」を背負っているような気がしています。毎年、誕生日がくるたびに「あぁ、幸せな一年だったな」と思い、背中の袋に1年間の幸せを入れるのです。そうするとどんどん「しあわせ袋」が膨らんでいきます。

　もちろん、今の私にとって良いことばかりが起こっているわけではありません。でも、今の自分にとって良いことを良いことと思わない、悪いことを悪いことと思わないというのは私の信念です。まさに「人間万事塞翁が馬（じんかんばんじさいおうがうま）」です。

過去は変えられないが未来は変えられるというようなことをいいますが、未来だってどうなるのかは分かりません。ただ、一つだけ言えることは、この瞬間、誠心誠意、一生懸命に今努めた行動は、必ず良い結果をもたらしてくれるだろうという信念を持つことが大切だということです。例えその結果が死であったとしてもです。

　まさに長期投資と同じです。短期的には大幅に値下がりしたり、高騰したりします。しかし、それを繰り返すうちに価値はゆるやかに増加しているのです。なぜなら世界経済が成長しているからです。そして、世界中の企業が生み出す付加価値が投資収益の源泉だからです。

　中学校や高校で授業をすると「岡本さんは僕たちぐらいのときに何になりたいと思っていましたか」という質問を受けます。私はいつも「全然決まってなかったよ。だから、今、足元にあることを一生懸命していただけなんだよ」と答えます。それは事実です。そして、みんな、ホッとした顔になります。きっと、明確な目標がなければいけないと思っているのかもしれません。

　世の中、こうなるだろう、だから私はこういう行動を取っておこうなどと考えてもその通りになるかどうかなど分からないものです。一生懸命に「いま」するべきことをしていると天がよい結果を与えてくださる、そう思っています。

　そうすれば毎日、よい結果がいただけるようになります。毎日が幸せになります。そして「しあわせ袋」がどんどん膨らみます。まさに幸せの積立投資です。そして幸福感も複利で増えていきます。そして、死ぬときがもっとも幸せ、そんな人生を送りたいものです。

☞　**投資は「投志」素晴らしき人生の第四コーナー**

　良いことの積み立て投資をしていくと後になってたくさんの良いことに恵

まれます。幸福感が複利で増えます。第4章に、私が年金運用をしていたころの企業の行動指針として「We do well by doing good」ということを書きました。世の中のために良いことをすれば、われわれのビジネスもうまくいくという意味です。しかし、これはビジネスだけに当てはまるものではありません。われわれの毎日の生活においても良いことをしていれば幸せになれるということでもあるのです。善行は「しあわせ持ち」への道です。

ずっと将来、自分の知らないところで誰かに喜んでもらえる、その種を埋めておく。これこそ、時間軸、空間軸を大きく伸ばした長期投資です。その結果、少しでも世の中が良くなりみんなに喜んでもらえれば、この世に生まれてきた価値があるというものです。

第4章で紹介した新聞配達少年を陰で支えたおばあちゃんの行為こそ本当の長期投資です。自分の命を超えてお金が生きている。おばあちゃんが生活を倹約して、少年のために新聞を取り続けた。その子が大きくなって良い世の中をつくるために活躍してくれた。こんなに素晴らしい長期投資があるでしょうか。こんなにかっこういい長期投資があるでしょうか。

長期投資は人の一生では短すぎるのです。自分の命を終えた後にもお金が生き続けて、世の中のために役立ち続ける。「投資」とは経済活動に資金を投ずることです。同時に未来の世の中に向けて志を投ずる「投志」なのです。100年人生は三つのステージに分かれると本書の最初で述べました。命は人生の第三コーナーで終わっても、お金の投資と心の投志には第四コーナーという素晴らしい期間があるのです。

おわりに

これまで、いろいろな著書を出させていただきました。処女作は1990年の『勝者のゲームを闘う法　株式分析の実戦技法』(東洋経済新報社)でした。ここでは当時、あまり知られていなかった米国中心に行われていた証券分析の手法を紹介しました。

「はじめに」でも述べましたが、2005年に『瞑想でつかむ投資の成功法』(総合法令)を上梓しました。「『心とお金の関係』『瞑想と投資との関係』、今まで誰も考えていなかった切り口での発想は、私がこれまで求めていたものを明確に提示してもらった感じです。(松崎昭雄氏・森永製菓株式会社元相談役)」というお褒めの言葉をいただきました。

2007年の『100歳までの長期投資』(日本経済新聞出版社)は、まだ世間で「100歳人生」などとほとんどいわれていなかった時代の著書です。個人投資家のための「コア・サテライト戦略」を書いた本としては最初だったのではないかと思います。

『自分でやさしく殖やせる確定拠出年金最良の運用法』(日本実業出版社)は2014年の著書です。アセット・ロケーション、バリュー平均法などの新しい考え方を紹介しました。

2015年の『しあわせ持ちになれる「お金、仕事、投資、生き方」の教科書』(創成社)は、出張授業の内容を書いたもので、私にとってとても思い入れのある本です。

2016年に『波乱相場を＜黄金のシナリオ＞に変える資産運用法　かんたんすぎてすみません』(きんざい)は投資教育を始めて考えてきたことをまとめた本でした。

これまで書籍や講演を通じて資産運用のさまざまな側面について述べてきました。齢70を過ぎ資産運用は結局、豊かで幸せな人生を実現するためにあるという思いが強くなってきました。ちょうど、資産運用という山を登ってきたら頂上には「生き方」という旗が立っていたのです。

　それ以来、ずっとこの大きなテーマについて執筆の構想を練ってきました。資産運用のある部分の詳細を書くのではなく、人生全体の中でお金とどう付き合い、資産運用をどうすれば豊かで幸せな人生を送れるかを書こうと思ったのです。本書はおそらく今までで一番時間をかけて書いた本ではないかと思います。

　結局、良い人生を送ることこそ生きている目的です。そのためにはお金の問題に「心」という要素をミックスする必要があります。お金は心から切り離されて独り歩きを始めると、誤った方向に行ってしまうことがあります。そのためには変化して止まない外側の環境に左右されない確立した内側の意識が必要です。それに近づくテクニックが瞑想です。

　投資と瞑想は私にとって大きなテーマです。お金と心、物心両面で200パーセントの「しあわせ持ち」になれる、とてもシンプルな生き方を本書で紹介しました。お金も心も小さな箱の中から解放してあげればいいのです。瞑想はそれを実現してくれるとても有効な方法です。意識の時空が広がるほどに資産運用も生き方も本来は非常にシンプルなものです。大切なことはそれを続けることです。そのシンプルなことを長く続けることによって本当の効果が出てくるものです。そんな視点で本書をお読みいただければうれしいです。

　この本が完成するまでには多くの方にご協力をいただきました。瞑想者として先輩の藤井義彦さんが本書の出版を引き受けていただくことになった知玄舎の小堀英一さんをご紹介くださいました。そして、旧知の山岸由美子さんが編集者の目で校正をしてくださいました。投資信託のデータでは島田知

保さんにご協力いただきました。TMについてはマハリシ総合教育研究所代表の鈴木志津夫さん、原田季代子さんが多大な支援をしてくださいました。

　私が資産運用に関する思索を深める上で、当社のマンスリー・セミナーに出席いただいている仲間たち、「インベストライフ」の購読者、瞑想を通じて知り合った方々、そして当社スタッフなどから非常に大きなヒントをいただいています。最後になりますが、いろいろな病を抱えた私を献身的に支え、怠けないように、しかも、働き過ぎないように絶妙のコントロールをしてくれている妻、知子の存在も非常に大きいものがあります。これらすべての方々に心から感謝します。

　本書が、少しでも多くの方に「お金と心」、物心両面で200パーセントの「しあわせ持ち」なっていただくための一助となることを願ってやみません。

　　注：本書では、知り得る限り正しい情報・データなどを用いましたが、その正確さを保証するものではありません。また、本書で引用した具体的投資信託については、読者の理解を深めるためのものであり、推奨を目的とするものではありません。

◇著者プロフィール

岡本 和久（おかもと かずひさ）

I-O ウェルス・アドバイザーズ株式会社®代表取締役社長
投資教育家＆ファイナンシャル・ヒーラー®
CFA協会認定証券アナリスト（CharteredFinancialAnalyst）

【学職歴】1946年東京に生まれる。米国コロンビア大学留学後、1971年、慶應義塾大学経済学部卒。日興證券株式会社入社、ニューヨーク現地法人、情報部などで証券アナリスト・ストラテジスト業務に従事、1992年、同社を退社。バークレイズ・グローバル・インベスターズ日本法人を設立、2005年まで13年間代表取締役社長として年金運用業務に携わる。2005年、同社が年金運用資産額で業界トップになったのを機に退職、同年5月、個人投資家向け投資セミナーを行うI-O ウェルス・アドバイザーズ株式会社を設立、代表取締役社長に就任。現在、同社でマンスリー・セミナーなど各種セミナーを開催する傍ら、長期投資家仲間によるクラブ・インベストライフを主宰。マネー教育教材「ハッピー・マネー®のピギーちゃん」を用いて子どものためのハッピー・マネー®教室を展開している。

【瞑想歴】1988年より動く禅といわれる太極拳をはじめ老荘思想に親しむ。1991年より瞑想を学び実践する。1996年にマハリシの著書と出合い超越瞑想(TM)を始める。1998年に基本的TMの上のシディー・コース、2009年に上級テクニックを修了する。

【その他】著書多数（次ページ参照）。日本証券投資顧問業協会理事、同協会副会長兼自主規制委員会委員長、投資信託協会理事、日本CFA（CharteredFinancialAnalyst）協会会長などを歴任。明治大学株価指数研究所創立者、超越瞑想普及を支援する会共同創立者兼副会長。経済同友会会員。趣味は太極拳、川柳鑑賞、歌舞伎鑑賞、ラーメン、カレー＆B級グルメ食べ歩き、クラシック・ギター演奏。

I-O ウェルス・アドバイザーズ　ホームページ：www.i-owa.com
ブログ「岡本和久のI-OWA日記」：http://www.i-owa.com/diary/diary/
無料ウェブマガジン「インベストライフ」：http://www.investlife.jp/
超越瞑想普及を支援する会　ホームページ：http://tmersupport.wixsite.com/home

岡本和久 著書、オーディオ・ブック（AB）、電子書籍等一覧

書 名	発行年月	出版社
勝者のゲームを闘う法＊株式分析の実践技法	1990.11	東洋経済新報社
新時代の投資戦略＊インベストメント・テクノロジー活用法（フレデリック・L・グラウアー氏との共著）	1991.11	東洋経済新報社
GlobalEquityMarkets（EditedbyRobertA.Schwarz、３３章）	1995	Irwin
自分の年金は自分でつくる！（伊藤宏一、澤上篤人氏等との共著）	2004.07	実業之日本社
瞑想でつかむ投資の成功法	2006.04	総合法令
公開講演会「目指そう！品格ある資産家」（DVD）	2006.09	自社制作・販売
品格のあるお金持ちになれる資産形成マニュアル	2006.12	総合法令
100歳までの長期投資＊コア・サテライト戦略のすすめ＊	2007.06	日本経済新聞出版社
ミドルエイジのための資産形成マニュアル	2008.06	毎日コミュニケーションズ
いまからでも遅くない資産計画：	2008.12	パンローリング（AB）
長期投資道 「勝者のゲームを闘う法」	2009.02	パンローリング
瞑想でつかむ投資の成功法	2009.06	パンローリング（AB）
老荘に学ぶリラックス投資術	2009.08	パンローリング
親子で学ぶマネーレッスン～おカネ・投資のしあわせな考え方	2009.09	創成社
投資家のヨットはどこにある？（シュエッド著、翻訳監修）	2010.12	パンローリング
賢い芸人が焼肉屋を始める理由＋投資嫌いのための「和風」資産形成入門	2011.01	講談社＋α新書
金遣いの王道（林望氏との共著）	2013.11	日経プレミアシリーズ
インフレに負けない！資産アップトレーニング	2013.11	日本経済新聞出版社
RelaxedInvestment:theTaoWay（英文版）	201402	KINDLE 電子書籍
寄付の教科書（伊藤宏一氏、並河進氏との共著）	201403	日本フィランソロピー協会
自分でやさしく殖やせる　確定拠出年金　最良の運用術	201405	日本実業出版社
しあわせ持ちになれる「お金、仕事、投資、生き方」の授業	201507	創成社
波乱相場を黄金のシナリオに変える運用法～かんたんすぎてすみません	2016.04	きんざい
投資の鉄人（大江英樹氏、馬渕治好氏、竹川美奈子氏との共著）	2017.04	日経出版

お金(かね)と心(こころ)──
　200(にひゃく)パーセントのしあわせ持(も)ちになれるシンプルな生(い)き方(かた)

	2018年12月24日　初版第1刷発行
著　者	岡本 和久
発行者	小堀 英一
発行所	知玄舎
	さいたま市北区奈良町 98-7（〒331-0822）
	TEL 048-662-5469　FAX 048-662-5459
	http://chigensya.jp/
発売所	星雲社
	東京都文京区水道 1-3-30（〒112-0005）
	TEL 03-3868-3275　FAX 03-3868-6588
印刷・製本所	中央精版印刷株式会社

© 2018 Kazuhisa Okamoto　　Printed in Japan
ISBN978-4-434-25524-3